27955

DU FONDEMENT

DE

L'OBLIGATION MORALE.

R

C.

DU FONDEMENT

DE

L'OBLIGATION MORALE

—

THÈSE PRÉSENTÉE A LA FACULTÉ DES LETTRES DE PARIS

PAR

EMILE BEAUSSIRE,

ANCIEN ÉLÈVE DE L'ÉCOLE NORMALE,
LICENCIÉ ÈS LETTRES.

> Quidquid homo veluti recte fecerit, nisi
> ad pietatem quæ ad Deum est referatur,
> rectum dici non oportet.
> (Saint Augustin, *De fide et operibus,*
> c. VII.)

GRENOBLE,
IMPRIMERIE DE PRUDHOMME,
Rue Lafayette, nᵒ 14.
—
1855,

A LA MÉMOIRE DE MON PÈRE.

—

A MA MÈRE.

DU FONDEMENT

DE

L'OBLIGATION MORALE.

INTRODUCTION.

L'idée de ces recherches m'a été suggérée par un opuscule de Barbeyrac, dans lequel il combat le jugement sévère porté par Leibnitz sur les principes de Samuel Pufendorf (1). Selon Pufendorf, l'obligation de faire le bien ne peut être imposée à l'homme que par un décret de la volonté divine. Leibnitz reproche à cette théorie de donner au droit naturel une base arbitraire, en le fondant sur le commandement d'un supérieur, et il soutient que le caractère obligatoire de la loi morale s'explique simplement par la lumière de la raison éternelle que Dieu a allumée dans nos esprits (2). Barbeyrac, qui avait trouvé le jugement de

---

(1) Cet opuscule, que l'on joint ordinairement, avec le jugement de Leibnitz, au petit traité de Pufendorf sur les devoirs de l'homme et du citoyen, traduit en français par Barbeyrac, porte le titre suivant : *Jugement d'un anonyme sur l'original de cet abrégé, avec des réflexions du traducteur, qui serviront à éclaircir quelque principes de l'auteur.* J'ai suivi l'édition du traité de Pufendorf, de Janet et Cotelle. Paris, 1820.

(2) Rationis æternæ lumen divinitus in mentibus accensum. (Leibnitii, *Monita quædam ad Samuelis Pufendorfii principia*, Dutens, IV, p. 282.)

1

Leibnitz sans nom d'auteur, dans un programme académique d'Helmstadt, l'a attaqué avec d'autant plus de liberté qu'il ignorait le nom de l'illustre adversaire de Pufendorf. Ses objections sont presque toujours peu mesurées, et semblent parfois superficielles; mais il en est qui ne manquent pas de profondeur, et qui, exposées d'une manière plus scientifique, pourraient, je crois, ébranler la théorie de Leibnitz, ainsi que tous les systèmes qui placent dans la raison le fondement de l'obligation morale.

Barbeyrac n'est point un métaphysicien; il n'est familier, ni avec la langue de la philosophie, ni avec l'histoire des systèmes. Mais, guidé par son bon sens et par les habitudes pratiques de la science du droit, il a vu clairement ce qui manque à la raison pour fonder une morale qui oblige l'homme et lui impose des devoirs. La raison, en effet, ne sort-elle pas de son domaine, lorsqu'elle prétend porter des lois et assujettir la volonté à son empire? Elle est la lumière intérieure qui éclaire toutes nos pensées en nous découvrant des principes universels et immuables ; mais est-elle en même temps l'autorité souveraine qui préside à notre conduite, et qui maîtrise nos passions? Elle nous dit ce qu'il faut croire : nous prescrit-elle ce qu'il faut faire ? Telle est la question que soulève Barbeyrac, et qui m'a paru mériter un nouvel examen.

Barbeyrac n'a pas seulement attaqué la doctrine de Leibnitz, il a défendu celle de Pufendorf, et réfuté toutes les objections qui la présentent comme absurde et immorale. Je crois avec lui que cette théorie est l'expression de la vérité, et qu'elle peut seule rendre compte des devoirs des hommes. Mais il ne suffit pas de la justifier, soit en répondant aux critiques de ses adversaires, soit en renversant le système opposé : il faut prouver directement que la volonté divine est la source de toute obligation. Cette démonstration, que n'ont essayée ni Pufendorf ni Barbeyrac, sera l'objet principal de ces recherches sur les fondements de la morale.

Dans sa discussion avec Leibnitz, Barbeyrac ne sort point des limites de la philosophie. S'il refuse à la raison le pouvoir d'obliger la volonté, ce n'est point au nom de la révélation divine ou des traditions du droit civil, mais au nom des seules lumières naturelles. S'il soutient avec Pufendorf que nos devoirs nous sont imposés par un décret de la volonté divine, il n'entend point par là les commandements de Dieu dictés à Moïse sur le Sinaï, mais la loi naturelle gravée dans toutes les consciences. En reproduisant la même doctrine, je me renfermerai également dans la philosophie. Je chercherai l'origine de ces règles du droit naturel, dont le fond reste immuable au milieu de la diversité des croyances religieuses, et de la mobilité des législations. « Un homme de bien, dit Bossuet, laisse régler l'ordre des successions et de la police aux lois civiles, comme il laisse régler le langage et la forme des habits à la coutume ; mais il écoute en lui-même une loi inviolable qui lui dit qu'il ne faut faire tort à personne, et qu'il vaut mieux qu'on nous en fasse, que d'en faire à qui que ce soit (1). » Cette loi s'impose à tous les hommes, et chacun, pour la connaître, n'a besoin que de consulter sa conscience ; le sens commun la proclame d'un bout de l'univers à l'autre, et la philosophie morale en a fait dans tous les temps l'objet de ses méditations et de ses recherches.

Je sais que des esprits excessifs croient défendre la cause de la religion, en travaillant à étouffer dans les âmes le goût des études philosophiques ; mais la tradition des grands écrivains chrétiens les condamne ; leur véritable auxiliaire ce n'est pas la foi religieuse, mais l'indifférence de notre siècle pour les spéculations de l'esprit, et pour tout ce qui est étranger à la recherche du bien-être. Et cependant, malgré tous les sophismes qu'a inspirés un zèle

(1) *Traité de la connaissance de Dieu et de soi-même*, chap. IV, § V.

mal entendu, et que les plus mauvaises passions ont contribué à propager, c'est encore la philosophie que les hommes éclairés interrogent le plus souvent, quand ils veulent se rendre compte de leurs devoirs et de leurs droits. Nous ne discutons jamais sur le juste et sur l'injuste, sur nos intérêts privés, sur les institutions et les coutumes de notre pays, sur les opinions, les préjugés, les passions, qui règnent dans notre siècle, sans en appeler aux lumières naturelles de l'esprit humain, et, soit volontairement, soit à notre insu, nous tirons la plupart de nos arguments de quelque principe philosophique. Si un des droits essentiels de l'homme, le droit de propriété, par exemple, est mis en question, s'il faut justifier par des raisonnements un principe qui sert de base à toutes les lois civiles, la société effrayée n'aura recours ni à la théologie ni à la jurisprudence, mais à la philosophie, pour la défense de ses institutions en péril, et les seuls arguments qu'elle accueillera avec faveur, sont ceux qui reposeront sur la connaissance du cœur humain, et sur les maximes immuables du droit naturel.

Mais, si d'injustes attaques n'ont pu détrôner la philosophie, qui pourrait nier qu'elle ne soit suspecte à beaucoup d'esprits sérieux? On se défie surtout de la morale philosophique : on lui reproche d'être à la fois impuissante et dangereuse, de manquer d'autorité pour diriger la conduite des hommes, et de leur inspirer une confiance aveugle dans leurs lumières individuelles. On lui demande quelquefois de sages conseils, de nobles enseignements; mais on ne croit pas, en général, que ses préceptes soient assez efficaces pour commander aux passions, pour obliger la volonté. C'est en quelque sorte une science de luxe, qui ne s'adresse qu'aux esprits cultivés ; ce n'est pas la morale populaire, qui doit servir de règle à tous les hommes. Et quand même le genre humain serait initié à ses doctrines, quel empire auraient-elles sur lui, lorsqu'elles sont presque sans influence sur la conduite des philosophes eux-mêmes ? Quoiqu'ils suivent pour la plupart les principes les plus opposés, ils sont généralement d'accord pour glorifier les mêmes vertus : par une heureuse inconséquence, ils font tous leurs efforts, aux dépens de la logique, pour accommoder leurs systèmes à la morale de tout le monde ; et, s'ils n'y peuvent parvenir, ils observent souvent dans la pratique les préceptes qu'ils repoussent en théorie. Aussi on a pu dire de la plupart d'entre eux qu'ils valaient mieux que leurs doctrines. Quelle est donc cette philosophie morale, où ses sectateurs mêmes ne trouvent pas la règle de leur conduite ? Plût à Dieu, ajoutent ses adversaires, qu'elle fût seulement impuissante ! Elle ne peut fixer nos devoirs ; mais elle nous flatte du vain espoir de les connaître par nous-mêmes ; séduits par ses promesses, nous soumettons à notre contrôle les lois que nous sommes obligés de suivre, nous nous faisons les juges de tous les pouvoirs qui exigent notre obéissance, et ni la religion ni l'Etat ne sont assurés de notre respect.

Il y a dans ces reproches une part de vérité ; et, si on les réduit à leur juste valeur, on peut y voir une protestation du sens commun, non contre la philosophie, mais contre les vices de certains systèmes et les prétentions de quelques philosophes. Une philosophie raisonnable ne prétend point se substituer à la foi religieuse ou aux pouvoirs publics ; si elle avait la même autorité, elle ne serait plus une philosophie, mais une religion ou un système de législation ; ses théories deviendraient des dogmes ou des lois positives ; des prêtres ou des magistrats feraient respecter ses principes. Tel n'est pas le rôle de la philosophie : elle discute, elle ne commande pas ; elle enfante des systèmes et non des dogmes ; elle n'a aucune autorité pour s'imposer aux peuples, pour réclamer leur obéissance ou leur foi ; mais elle exerce sur ceux qui la cultivent une grande et légitime influence. Si tout était réglé par la loi religieuse ou la loi civile, si tous les hommes étaient convaincus qu'ils doivent rester fidèles à l'une et à l'autre, s'il n'y avait sur la terre ni croyances différentes, ni institutions variables, la philosophie morale pourrait sembler inutile. Mais aucune loi n'exige de l'homme une soumission aveugle et sans limites, aucune loi ne le dispense de raisonner et d'agir par lui-même. Quand aucun homme ne concevrait des doutes sur la bonté des lois de son pays ou sur la vérité de sa religion; quand nul n'aurait jamais à confirmer sa foi par le raisonnement, ou à suppléer à la foi qui lui manque, qui pourrait se passer de consulter sa conscience ou sa raison, de faire usage de ses facultés naturelles, pour apprécier son devoir dans les cas si nombreux qu'aucune loi n'a prévus, et sur lesquels ne se prononce aucune autorité souveraine? Nous pouvons recourir sans doute aux lumières des jurisconsultes ou des directeurs de conscience, mais ils nous donnent des conseils et non des ordres; leurs opinions n'ont pas l'autorité du texte de la loi, et aucun d'eux ne nous défend de les discuter. Nous avons donc sans cesse à faire usage des facultés de notre esprit. Or la philosophie n'a pas d'autre but que d'éclairer les hommes dans cet emploi légitime de leurs facultés personnelles. Sans dépasser ses limites naturelles, elle est donc un auxiliaire utile et nécessaire des dogmes religieux et des institutions sociales.

Mais, pourquoi le dissimuler? la morale des philosophes a eu rarement une influence pratique, si ce n'est par ses erreurs. Il n'y a pas dans l'antiquité de morale plus parfaite que celle de Platon; il ne paraît pas toutefois qu'elle ait puissamment agi sur les hommes. La morale stoïcienne, avec des principes moins élevés et moins purs, a joué un bien plus grand rôle; mais ce rôle s'est borné à quelques individus, dont on admire les vertus sublimes, en détestant leur orgueil et en déplorant leur impuissance. La secte d'Epicure est la seule dont l'influence se soit étendue à toute la société païenne, mais pour la corrompre et la pousser à sa ruine. Au sein du christianisme, les plus grands philosophes ont écrit sur la morale; mais quelle action ont exercée les considérations de Leibnitz sur les principes du droit naturel, ou le traité de morale de Malebranche? Quand on veut nommer des philosophes qui aient influé sur les opinions ou sur la moralité des hommes de leur temps, on cite Hobbes ou Helvétius; on songe surtout aux écrivains du dernier siècle, aux idées fécondes qu'ils ont propagées, mais aussi à leurs excès et à leurs funestes erreurs.

N'exagérons pas, toutefois. S'il y avait dans l'empire romain peu de Platoniciens proprement dits, les principes du Platonisme, répandus dans les esprits, les préparaient à leur insu à recevoir l'Evangile. Nous sommes, de nos jours, à peu près étrangers aux systèmes de morale des philosophes; mais, si nous regardons comme un devoir la tolérance religieuse, qui passait autrefois pour une faiblesse; si nous professons pour les droits des individus et des peuples un respect dont les âges précédents ne nous ont point donné l'exemple, à qui faut-il en faire honneur, si ce n'est à la philosophie? Telle est, en effet, l'influence réelle des doctrines philosophiques : les systèmes passent, mais les vérités qu'ils renferment, laissent dans les esprits des traces ineffaçables, et se confondent peu à peu avec les notions du sens commun. Mais, ce qui manque à la philosophie, c'est une action plus immédiate et plus précise sur la conduite et sur les mœurs des hommes. Elle contribue en général aux progrès du genre humain; mais je voudrais que chacun en particulier la prît plus souvent pour guide, qu'elle eût assez d'autorité, par ses principes et ses maximes, pour modifier les caractères, faire naître les vertus, réduire les passions au silence.

Si l'influence des systèmes de morale a été trop souvent stérile ou dangereuse, il faut en chercher la cause dans les principes qui leur servent de base. On a presque toujours fondé la morale sur les inclinations de la sensibilité ou sur les jugements de la raison. La sensibilité a sur la volonté l'empire le plus direct et le plus efficace; mais cet empire est aveugle. Elle produit également tous les sentiments généreux et toutes les mauvaises passions ; elle est la source des plus grandes vertus et des vices les plus infâmes. Ce n'est donc pas un guide sûr, si on la suit au hasard et sans choix. Mais comment discerner, dans la foule de nos penchants, les inclinations honnêtes ? Si nous nous renfermons dans la sensibilité elle-même, nous ne pouvons comparer nos penchants que sous le rapport de leur vivacité ou des plaisirs qu'ils nous procurent. Mais rien n'est plus variable : chez les uns, domine l'amour de soi ; chez d'autres, l'amour du prochain ; chez quelques-uns, l'amour de Dieu. Chacun prêchera donc une morale différente : les uns, le pur égoïsme, la morale d'Epicure et d'Helvétius ; les autres, un égoïsme plus raffiné, cherchant dans la bienfaisance de plus douces satisfactions ; mais ni les uns ni les autres ne pourront expliquer ces règles de justice, qui s'imposent à tous les hommes, et qui les obligent à se vaincre eux-mêmes, à renoncer à leurs plaisirs pour accomplir leurs devoirs.

La raison est un guide plus sûr que la sensibilité ; mais elle a d'autres défauts non moins inévitables. Elle aperçoit des vérités nécessaires et absolues, qui servent de principes à tous nos jugements. Ces vérités éclairent tous les hommes, qui les appliquent à chaque instant ; mais, pour les concevoir en elles-mêmes, il faut souvent réfléchir, il faut un travail d'esprit, dont tous les hommes ne sont pas capables. Chacun sait juger, au moins dans certains cas, si une chose est belle ou laide, et quand on parle de la beauté, on entend en général une qualité absolue qui ne dépend ni des goûts, ni des humeurs, ni des conventions ; mais est-il beaucoup d'esprits qui puissent expliquer d'une manière absolue ce que c'est que le beau, en donner une définition précise, ou tout au moins s'en faire une idée claire ? Dans un dialogue de Platon (1), Socrate interroge

_____

(1) _Ménon._

un jeune esclave, et lui fait trouver par lui-même quelques-uns des principes de la géométrie ; mais, sans les questions de Socrate, jamais peut-être cet enfant n'aurait arrêté son esprit sur la plus simple proposition des mathématiques. Dans un autre dialogue (1), Alcibiade, également interrogé par Socrate, reconnaît qu'il n'a reçu de personne l'idée de la justice, et qu'il doit chercher en lui-même l'origine de cette idée ; mais les questions les plus ingénieuses ne peuvent l'amener à définir ce que c'est que le juste, et il est réduit à confesser son ignorance. Rien n'est donc plus difficile, pour les esprits ordinaires, quand ils sont abandonnés à eux-mêmes, que de s'élever jusqu'aux premiers principes et de les concevoir clairement. Et lorsqu'on y est parvenu, on n'a encore que des principes abstraits, que des conceptions générales ; il faut, pour les appliquer, un nouveau travail, de nouvelles réflexions, que la plupart des hommes n'auront pas le temps de faire, ou qui dépasseront leur portée.

Dirons-nous donc que la raison est l'apanage des savants et des philosophes, et qu'il faut en refuser l'usage au vulgaire ? Une telle prétention serait le comble de l'orgueil. Les hommes les plus ignorants veulent qu'on raisonne avec eux, et ils savent souvent, avec leur bon sens naturel, apprécier à leur juste valeur les théories scientifiques. Mais, dans les jugements du commun des hommes, si l'on fait la part de l'éducation, des préjugés, de l'expérience plus ou moins étendue qu'ils ont acquise, sans parler des intérêts et des passions, celle de la raison sera singulièrement restreinte. Elle est plus grande chez les philosophes ; mais leur avantage n'est pas toujours incontestable. Dans le double travail auquel ils sont astreints, pour remonter jusqu'aux premiers principes et pour les appliquer, ils sont exposés à de continuelles erreurs ; et, s'ils se moquent

(1) *Premier Alcibiade*.

quelquefois de l'ignorance ou de la stupidité du vulgaire, le vulgaire ne leur épargne pas ses railleries sur la vanité ou l'absurdité de leurs systèmes.

Signalons une autre imperfection de la raison. Elle a devant elle un champ immense, qui embrasse à la fois Dieu et ses créatures, les êtres réels et les idées les plus abstraites ; tout sert de matière à ses conceptions, mais elle ne conçoit clairement qu'un petit nombre d'objets, qu'il faut qu'elle choisisse, qu'elle isole de tout le reste, et souvent même qu'elle décompose, pour les simplifier encore. Aussi, depuis le laboureur, qui ne fait guère usage de sa raison que pour apprécier les causes des bonnes ou des mauvaises récoltes, jusqu'au mathématicien, qui emploie toutes les forces de son esprit à résoudre quelque problème de mécanique ou d'algèbre, chacun limite l'objet de ses réflexions, et, en dehors de ses études spéciales, se contente presque toujours des opinions et des préjugés du vulgaire. Mais qui dirigera notre choix, qui nous portera à fixer notre attention sur un objet déterminé, à l'y concentrer tout entière, si ce n'est l'intérêt que nous prenons à cet objet, c'est-à-dire, les sentiments d'amour ou de curiosité qu'il nous inspire, et le plaisir que nous trouvons à le connaître? Voilà donc la raison placée, à certains égards, sous la dépendance de la sensibilité. Celui qui n'aime que soi n'appliquera sa raison qu'aux choses qui peuvent lui procurer quelque avantage personnel ; celui qui aime la vérité pour elle-même, sera satisfait si, dans une science quelconque, il peut arriver à des idées claires et à une entière certitude ; enfin, celui qui possède une ardente charité, ne voudra approfondir que les moyens de contribuer au bonheur de ses semblables. Le cœur soutient ainsi la raison, et, s'il est plein de nobles sentiments, il l'emporte avec lui vers les objets sublimes, où il trouve son aliment naturel, et l'empêche de s'abaisser à des études insignifiantes et stériles. C'est dans ce sens qu'il faut entendre la belle maxime de Vauvenargue : « Les grandes pensées viennent du cœur. »

Quand la raison a reconnu quelque principe de morale, le cœur intervient encore pour donner à ses maximes un caractère pratique, pour exciter la volonté à les suivre. On peut concevoir qu'une chose est avantageuse ou honnête, sans être pour cela déterminé à la faire : il faut une impulsion, un mobile qu'on ne peut demander qu'à la sensibilité ; le jugement de l'esprit doit avoir pour auxiliaires des sentiments plus ou moins vifs, qui soient capables de lutter contre les sentiments contraires, et d'arracher la volonté à leur empire. Ainsi du moins l'ont pensé les plus habiles observateurs de la nature humaine (1) ; mais j'admets qu'ils se soient trompés, que la raison puisse par elle-même, sans le secours du sentiment, diriger notre conduite : niera-t-on que son pouvoir ne soit bien faible et bien précaire, si elle ne peut opposer aux penchants dépravés, aux habitudes vicieuses, à tous les entraînements des passions, que de froides idées, des jugements, des raisonnements, des théories abstraites et générales, et si l'amour du plaisir n'est pas combattu dans l'âme par l'amour de la vertu ?

J'irai plus loin : c'est souvent le cœur qui redresse la raison. Il y a des erreurs que notre esprit n'aperçoit pas, auxquelles il s'attache avec obstination, mais contre lesquelles proteste l'honnêteté de nos sentiments. Brutus, égaré par des sophismes, se décide à tuer César, qu'il ne peut s'empêcher d'aimer ; mais les raisons qui le séduisent ne sauraient étouffer la voix de son cœur ; de là ses efforts impuissants pour pallier à ses propres yeux l'atrocité de son crime ; de là son désespoir, quand il reconnaît, trop tard, qu'il a immolé son ami, sans profit pour la liberté ; de là toutes les angoisses et les déchirements de son âme, que Plutarque n'a pas déguisés, et que Shakespeare a représentés avec tant de vérité et de profondeur.

---

(1) Voir le beau livre de M. Jules Simon, *le Devoir*, passim.

Aussi, quoique tous les hommes se glorifient d'user de leur raison, et de la prendre pour guide, on voit cependant avec défiance et même avec effroi cette autorité absolue, cette espèce de souveraineté attribuée à la raison par quelques doctrines philosophiques. On aime mieux le cœur et ses entraînements aveugles, que ces maximes absolues que des esprits systématiques présentent avec confiance comme les commandements de la raison, et qui ne sont souvent qu'une formule incomplète ou une application vicieuse d'une vérité mal comprise. Un véritable principe est une proposition universelle, invariable et nécessaire, qu'on accepte sans discussion, d'après sa seule évidence : c'est la base de nos raisonnements, c'est l'instrument de tous nos progrès. Mais, quand un faux principe usurpe ces caractères, il n'est rien de plus dangereux ; de là viennent tous les fanatismes; de là le mot des révolutions : « Périssent les colonies plutôt qu'un principe ! » de là aussi les craintes qu'inspire aux puissances établies l'abus de la raison. Si la raison s'érige en souveraine pour fixer nos droits et nos devoirs, toute souveraineté semble disparaître devant la sienne, et, dans ses prétentions de l'esprit humain, on voit un danger permanent pour l'Eglise et pour l'Etat.

J'établirai plus tard que la raison est radicalement impuissante, soit pour fonder l'obligation morale, soit même pour la connaître. Mais on voit dès à présent qu'il faut une base plus solide à la morale philosophique, si elle doit acquérir une influence vraiment pratique et sans danger. Je crois trouver cette base, sans abandonner la philosophie, dans la théorie de Pufendorf et de Barbeyrac, qui fait découler nos devoirs, non du sentiment ou de la raison, mais de la volonté de Dieu. Qui ne sent, en effet, qu'un commandement divin doit avoir bien plus d'influence qu'une conception rationnelle pour obliger la volonté et pour maîtriser les passions? D'un côté, nous sommes soumis à un être vivant, qui nous a créés, qui nous conserve, qui nous aime, pour qui nous pouvons ressentir des mouvements d'amour et de reconnaissance; ses lois se révèlent à nous comme des décrets inviolables et comme des marques de sa bonté; tous ses ordres, en s'imposant à nous, satisfont notre raison, et nous promettent em même temps le bonheur et la liberté : de l'autre, c'est une puissance abstraite et presque impersonnelle, qui ne porte qu'un nom général, le nom de Raison, qu'il faut personnifier et revêtir de couleurs empruntées, si l'on veut l'aimer et la respecter : quand l'idée générale du juste qu'elle nous fait concevoir, aurait le pouvoir de nous obliger, en se manifestant à notre esprit, cette conception sublime, mais sans vie, aurait-elle la précision ou l'efficacité d'un commandement de Dieu ? « Elle est pure, dit un spirituel écrivain, en parlant d'une idée analogue; mais, à mesure même qu'elle s'épure de degrés en degrés, il semble qu'elle s'évapore. Elle a ce qu'il faut pour charmer l'imagination et pour l'élever, elle est la meilleure des inspirations littéraires; mais, pour attirer l'âme, pour la posséder par l'amour, elle manque un peu de réalité, elle ne la touche pas comme le Dieu notre père qui est aux cieux (1). »

Aussi, en dépit des systèmes philosophiques, quand on veut inviter les hommes à l'accomplissement d'un devoir, c'est presque toujours Dieu qu'on fait intervenir. *Dieu le veut*, est une formule simple et nette, qui réussit mieux sur la plupart des âmes, que cette autre formule plus abstraite et plus savante : *la raison nous le commande*. C'est également au nom de Dieu qu'on enseigne la morale aux enfants, et la voix maternelle est pour eux une image de cette autorité douce et forte qu'on leur ordonne de respecter. « Quand Dieu est annoncé à l'enfant, dit un philosophe contemporain, qui a reproduit, sans la discuter, la théorie de Pufendorf, la vie humaine s'élève et prend un

(1) M. Saint-Marc Girardin, *Cours de littérature dramatique*, tom. II (*De l'Amour platonique*).

nouveau caractère.... Elle dépend d'un supérieur, avec lequel la volonté est entrée en rapport, et qui lui commande légitimement. Les mots *bien* et *mal* prennent alors un sens moral (1). »

Enfin, si la philosophie inspire encore quelque défiance aux défenseurs consciencieux des droits de la religion et de l'Etat, rien n'est plus propre que cette théorie à dissiper leurs alarmes. Elle n'a pour but que d'éclaircir cette loi naturelle des consciences, qui sert de principe aux lois civiles, et que la loi révélée est venue compléter et non détruire ; elle en cherche le fondement, non dans les instincts ou la raison de l'homme, mais dans la volonté du Dieu tout-puissant, au nom duquel le pouvoir politique promulgue ses décrets, et l'autorité religieuse, ses décisions dogmatiques : doit-on voir des adversaires dans ceux qui servent le même maître ?

Mais, si l'on refuse à la raison le droit de commander à la volonté ; si l'on cherche les règles de la morale, non dans les vérités éternelles que Dieu a gravées dans tous les esprits, mais dans les lois inviolables auxquelles il a voulu nous assujettir ; ne sacrifie-t-on pas la philosophie ? n'invoque-t-on pas un principe purement théologique ? Il est du moins certain que les plus grands philosophes ont répudié cette doctrine, et qu'elle n'a pas même l'appui unanime des théologiens et des jurisconsultes. Leibnitz, dans sa *Théodicée*, oppose à Pufendorf les noms les plus illustres dans la jurisprudence, dans la théologie, dans la philosophie : d'un côté Grotius, qui a fondé dans les temps modernes la science du droit naturel ; ailleurs, Calvin parmi les protestants, saint Thomas d'Aquin parmi les catholiques ; enfin, parmi les philosophes, Platon et Aristote (2). Je pourrais ajouter que, depuis Leibnitz, toutes les écoles rationalistes, en Allemagne, en Ecosse et en France, ont

_____

(1) M. l'abbé Beautain, *Philosophie morale*, chap. II, § 25.
(2) *Essais de Théodicée*, 2ᵐᵉ part., § 182.

repoussé avec non moins de force toute intervention de la volonté divine dans la morale philosophique. La doctrine que je soutiens a donc contre elle en apparence tous les plus grands esprits des temps anciens et modernes, et il semble qu'un philosophe ne puisse la défendre, sans fouler aux pieds toutes les traditions de la philosophie. Mais ces préventions disparaîtront, et l'on sera moins effrayé de tant d'autorités réunies contre un même système, si l'on distingue la théorie de Pufendorf d'une autre théorie que Leibnitz a confondue avec elle, et qui est la seule qu'on ait jusqu'à présent sérieusement réfutée.

La plupart des moralistes qui ont donné pour base à l'obligation la volonté du Créateur, ont attribué la même origine au bien lui-même, dont la réalisation est l'objet suprême de la loi morale. Aussi n'ont-ils admis, pour diriger notre conduite, aucun principe nécessaire, aucune règle absolue, mais seulement des décrets arbitraires d'une volonté toute-puissante. Depuis le théologien du paganisme Eutyphron, que Socrate réfute avec tant de bon sens et d'esprit dans l'ingénieux dialogue de Platon, jusqu'au théologien chrétien Crusius, des systèmes célèbres ont proclamé hautement qu'il n'y a de légitime que ce qui plaît à Dieu, et ils ont nié formellement la distinction naturelle du bien et du mal. Deux écoles fameuses au moyen âge, celle des Nominaux et celle des Mystiques, n'ont reculé devant aucune des conséquences de cette triste doctrine. Le sage et pieux Gerson les accepte sans restriction : « Dieu ne veut pas, dit-il, certaines actions parce qu'elles sont bonnes ; mais elles sont bonnes, parce qu'il les veut, de même que d'autres sont mauvaises, parce qu'il les défend. » Et ailleurs : « Dieu ne se décide pas à donner des lois à la créature raisonnable pour avoir vu dans sa sagesse qu'il devait le faire ; c'est plutôt le contraire qui a lieu (1). »

_____

(1) Ces textes sont cités dans l'excellent article de M. Jourdain sur Gerson (*Dictionnaire des sciences philosophiques*, tom. II).

Les Sensualistes modernes ont généralement adopté les mêmes principes. Comme ils n'admettent aucune vérité absolue, qui se révèle naturellement à tous les esprits, ils sont obligés, s'ils ne veulent pas fonder la morale sur le plaisir ou sur l'intérêt personnel, de chercher l'origine de tous les devoirs de l'homme dans la volonté arbitraire de Dieu (1). Aussi dans tous ces systèmes, on soutient expressément que le législateur suprême qui a porté la loi morale, pourrait publiquement autoriser à la violer, et même l'abroger entièrement, et que les préceptes du Décalogue pourraient, s'il plaisait à Dieu, devenir les maximes du vice et de l'immoralité.

Ce sont ces conséquences horribles qui ont excité le zèle des philosophes. Lisez les réfutations de Platon, de Leibnitz, de Dugald Stewart ; partout il est plutôt question de l'origine du bien que de celle du devoir, et la crainte de voir ruiner l'éternelle distinction du juste et de l'injuste est la principale raison qui empêche ces nobles esprits de reconnaître en Dieu même l'auteur de l'obligation morale. — Mais la doctrine qu'ils ont combattue n'est pas celle de Pufendorf. Jamais il n'a prétendu que le bien fût arbitraire et dépendît entièrement de la volonté divine. Il a soutenu seulement que, sans un commandement de Dieu, l'idée absolue du bien ne suffirait pas pour nous obliger. Le bien seul est obligatoire ; mais il y a des actions vraiment bonnes, et ce sont même les meilleures, qu'on n'est pas tenu d'accomplir, et qui ne sauraient être l'objet d'une prescription universelle. Un fils, pour sauver ses parents, qui sont ruinés par une faillite et menacés du déshonneur, leur abandonne sa fortune : assurément il fait bien, et tout le monde applaudira à son sacrifice ; mais, après tout, c'est son devoir, et la loi morale qui le lui impose, l'imposerait à tous les hommes, dans les mêmes circonstances. Mais s'il fait le même

---

(1) Cf. Locke, *Essais sur l'entendement humain*, liv. I, chap. II.

sacrifice pour arracher des infortunés à la misère, délivrer des captifs, fonder des hospices ou des écoles, propager des institutions charitables, ce n'est plus l'idée du devoir qui l'inspire et le dirige, mais c'est toujours l'idée du bien. Le bien comprend donc à la fois le devoir et le dévouement, la probité de l'honnête homme et les vertus sublimes des héros et des saints. Il est pour l'obligation comme un champ sans limites, où elle doit se renfermer, pour y tracer les devoirs des hommes, mais qu'elle n'embrasse pas tout entier. On peut donc fonder le devoir sur un décret de la volonté divine, sans s'associer à ces théories sensualistes ou mystiques, pour lesquelles il n'y a en morale aucune idée absolue, aucune vérité universelle. Le bien est immuable pour Dieu comme pour l'homme ; mais Dieu fixe au sein du bien ce qu'on ne peut négliger sans crime, ce qui implique obligation.

La plupart des philosophes n'ont pas méconnu cette distinction ; et même, dès qu'ils n'ont plus à craindre de subordonner le bien absolu à des décrets arbitraires, ils se montrent souvent disposés à invoquer la volonté de Dieu, pour déterminer les devoirs des hommes. Il est surtout intéressant de recueillir sur ce point les aveux formels de ceux que Leibnitz oppose à Pufendorf. Saint Thomas rapporte l'origine de la loi morale à la raison humaine, comme à sa cause seconde, et à la raison divine, comme à sa cause première (1) ; il fait cependant intervenir la volonté de Dieu pour promulguer dans les âmes la loi fixée par la raison (2). Si Grotius déclare expressément que le devoir subsisterait en quelque façon, quand on accorderait qu'il n'y a point de Dieu, il ajoute presque aussitôt qu'il y a une autre source

---

(1) *Summa theologiœ, prima secundœ partis, quœstio XIX, art. 4.*
(2) Lex est nihil aliud quam quædam rationis ordinatio ad bonum commune ab eo qui curam communitatis habet promulgata. *(Ibid., quœstio XCI, art. 4.*

du droit, « savoir, la volonté libre de Dieu, à laquelle nous devons nous soumettre, comme notre raison même le dicte, de manière à ne nous laisser aucun doute là-dessus (1). » C'est aussi l'opinion de la plupart des jurisconsultes philosophes, qui ont fondé dans les temps modernes la science du droit naturel (2). Leibnitz lui-même, dans ses nouveaux essais sur l'entendement humain, discutant une proposition de Locke, qui n'admet point de devoir sans loi, ni de loi sans un législateur qui l'ait prescrite, avoue qu'il n'y aurait guère de précepte à qui on serait obligé indispensablement, s'il n'y avait pas un Dieu qui ne laisse aucun crime sans châtiment, ni aucune bonne action sans récompense (3). Enfin Kant, qui a aussi repoussé la doctrine de Pufendorf, établit cependant que la loi morale nous conduit à la religion, c'est-à-dire à regarder tous nos devoirs comme des commandements de Dieu (4).

— On aurait plus de peine à trouver de semblables aveux chez les philosophes de l'antiquité. Faut-il s'en étonner ? Vivant au milieu de religions grossières, les sages du paganisme s'appliquaient avec soin à séparer la morale de la religion. Les Epicuriens et les Stoïciens prétendaient se passer de Dieu dans leur morale, à moins qu'on ne regarde comme une divinité cette raison universelle des Stoïciens, qui anime tous les êtres de la nature et l'homme lui-même. L'idée de Dieu joue un grand rôle dans la morale d'Aristote comme dans sa métaphysique. Mais le Dieu d'Aristote est simplement la fin vers laquelle tendent tous les êtres : c'est une pure intelligence, qui ne connaît qu'elle-même, qui n'a d'amour que pour elle-même, et qui n'a sur le monde au-

---

(1) *Du droit de la paix et de la guerre*, discours préliminaire, § 12, traduction de Barbeyrac.

(2) Voir en particulier Burlamaqui, *Principes du droit naturel*, 1re part., chap. 6 et 9.

(3) *Nouveaux essais*, liv. I, chap. II, § 12.

(4) *Critique de la raison pratique*, traduction de M. Barni, p. 340.

cune action directe. Comment sa volonté serait-elle l'origine de l'obligation morale? Le Dieu de Platon est un principe beaucoup plus actif, c'est l'architecte suprême ; il a tout ordonné, sinon tout créé dans la nature, mais c'est encore un principe abstrait plutôt que le Dieu vivant : c'est la plus générale des idées, et le dernier terme de la dialectique. D'ailleurs Platon est surtout préoccupé de l'idée du bien ; il a donné peu d'attention, comme on l'a souvent remarqué, à la théorie de l'obligation, et ce n'est qu'en passant qu'il cite quelquefois tel ou tel devoir positif ou négatif (1). Mais avec quel enthousiasme ne parle-t-il pas du bien ? « C'est la dernière des idées, qu'on aperçoit avec peine, mais qu'on ne peut apercevoir sans comprendre qu'elle est la cause de tout ce qu'il y a de beau et de juste; que, dans le monde visible, elle produit la lumière, et l'astre d'où vient la lumière, et, dans le monde invisible, la vérité et l'intelligence ; qu'il faut enfin contempler cette idée, si l'on veut agir avec sagesse dans la vie privée et dans la vie publique (2)». En un mot, l'idée du bien règne dans le monde intelligible, comme le soleil dans le monde invisible (3), ou plutôt le bien n'est autre chose que Dieu lui-même : aussi la perfection de la vertu consiste pour Platon dans la ressemblance avec Dieu (4). Aucune doctrine n'est plus propre à nous faire concevoir et à nous faire aimer un idéal de vertu parfaite; mais il ne faut pas demander à Platon les règles précises de la morale pratique.

On peut en dire autant de la plupart des philosophes modernes. Leibnitz est plein d'éloquence, quand il s'élève contre les doctrines impies qui ne reconnaissent aucune distinction entre le bien et le mal, si cette distinction n'est

---

(1) Cf. Ritter, *Histoire de la philosophie ancienne*, tom. II, chap. 5.
(2) *République*, liv. VII.
(3) Ibid., liv. VI.
(4) Voir surtout le *Théétète*.

pas établie par la volonté d'un supérieur ; mais, dans aucun des nombreux écrits qu'il a consacrés au droit naturel, il n'a défini clairement ce qu'il entend par obligation ; et même il semble parfois confondre l'obligation morale avec ce qui est exigé par le soin de notre conservation et de notre intérêt(1). Malebranche est, dans sa morale comme dans sa métaphysique, un *Platon chrétien* : il voit dans l'intelligence divine tous les degrés de perfection que les créatures sont destinées à réaliser, et qui forment une sorte d'échelle s'élevant jusqu'à l'infini ; et il fait consister le bien moral à aimer les êtres finis comme Dieu les aime, d'après ces degrés de perfection. C'est sans contredit une conception fort belle, et qu'il développe avec tout le charme de son style ; mais peut-elle servir de règle à nos devoirs ? Malebranche reconnaît lui-même qu'il faut rendre beaucoup de devoirs à son prince, à son père, à tous ceux qui ont de l'autorité, quand même ils seraient les plus imparfaits des hommes (2) : son principe lui échappe dès qu'il n'en fait plus un idéal, dès qu'il veut en tirer des maximes obligatoires.

L'école écossaise a combattu victorieusement, au nom du sens commun, les théories sceptiques ou sensualistes, qui nient le caractère absolu des principes de morale. Elle a distingué avec soin le bien moral de l'intérêt bien entendu et des mobiles instinctifs : mais elle n'a défini ni le bien ni le devoir. Il en résulte que ses préceptes n'ont en général qu'un caractère négatif, et qu'ils ne peuvent éclairer la conscience, ni fournir à la volonté des règles vraiment pratiques.

L'école française du XIXe siècle s'est également proposé de renverser les doctrines immorales que l'âge pré-

---

(1) Multa ab hominibus erga alios exigit propriæ conservationis commoditatisque cura *(Monita ad Pufendorfii principia.* Dutens, IV, p. 280).

(2) *Traité de morale,* 1re part., chap. 3.

cédent avait remises en honneur. Elle a restitué à la raison tous ses droits, séparé nettement des notions variables que nous devons à l'expérience, les idées absolues du vrai, du beau et du bien, et fait revivre les traditions des grands systèmes spiritualistes. Elle a en même temps, par un heureux emploi de l'observation intérieure, éclairci tous les faits, tous les sentiments, toutes les idées qui se rattachent dans notre âme à l'existence de la loi morale. Jamais on n'avait mieux défini le mérite et le démérite, le devoir et le droit, l'obligation elle-même. Mais elle n'a pas fait de l'obligation une étude spéciale; elle n'a pas cherché le principe qui donne au bien, en le précisant, un caractère obligatoire. Il appartenait au regrettable auteur du *Cours de droit naturel* de combler cette lacune, s'il n'avait pas laissé son œuvre inachevée, si son enseignement, interrompu par la mort, ne s'était pas borné à de judicieuses réfutations des systèmes antérieurs, et à l'ébauche d'un nouveau système.

Kant est le seul philosophe qui ait étudié en elle-même l'obligation morale. Au lieu de partir de l'idée du bien, pour expliquer la notion du devoir, il suit une marche inverse : il pose d'abord l'idée d'obligation, la soumet à une analyse profonde, et lui donne enfin pour but l'accomplissement du bien. On peut contester la légitimité de cette méthode; mais elle a du moins l'avantage de dégager l'obligation de tout autre principe, en sorte qu'on n'ait plus qu'à la considérer dans ses éléments essentiels et ses conséquences nécessaires, sans être arrêté par aucune idée préconçue. Mais Kant a eu le tort de raisonner sur des idées abstraites et non sur des faits : s'attachant uniquement à des notions générales, à ce qu'il appelle les *Concepts de la raison pure*, il n'a rien demandé à la conscience, à l'observation intérieure. Il a clairement reconnu les conditions générales que doit réaliser tout précepte obligatoire : mais il n'a pu expliquer d'où naissent les devoirs de l'homme, ni tirer de ses principes une morale vraiment pratique.

Quelque opinion qu'on adopte sur le système moral de Kant, on peut du moins accepter presque sans réserve l'analyse de l'obligation qui sert de base à ce système. Cette analyse doit être le point de départ de toute étude sérieuse sur l'obligation morale. Il faut également s'appuyer dans une théorie complète du devoir sur ces idées absolues du bien et du juste, que reconnaissent toutes les écoles spiritualistes, et sur ces faits moraux de la nature humaine, que la philosophie de nos jours a mis en lumière avec tant d'exactitude et de profondeur. Mais ni les formules de Kant, ni l'idée générale du bien, ni aucun des faits que nous pouvons observer en nous-mêmes, ne peuvent expliquer l'origine de nos devoirs. Une autre théorie, qui n'a également rien de nouveau, qu'ont soutenue depuis longtemps d'éminents esprits, complétera sur ce point les enseignements des grands philosophes : c'est celle que j'emprunte à Pufendorf et à Barbeyrac. Il ne s'agit pas, dans cette théorie, du souverain bien, dont la philosophie n'a plus à tracer l'idéal, mais du simple devoir, des obligations rigoureuses du droit naturel, qui, pour être moins étendues, n'exigent ni moins de force d'âme ni moins de lumières. Si la plupart des hommes ne peuvent atteindre aux grandes vertus, une âme heureusement douée y est souvent naturellement portée par l'enthousiasme qu'elles lui inspirent; moins elle s'y sent obligée, plus elle est fière de les accomplir. Mais, dans cette continuité des petits devoirs toujours bien remplis, qui semblait à Jean-Jacques Rousseau plus difficile et plus pénible que l'héroïsme lui-même, nous avons sans cesse à soutenir des luttes sans éclat et sans gloire, et nous sommes souvent rebutés par la pensée de l'obligation :

Le devoir nuit : chacun est ainsi fait (1).

_____

(1) Lafontaine.

Nous avons donc besoin, pour nous résigner à notre devoir, de nous convaincre fortement des droits absolus de
l'autorité qui nous l'impose. Les principes de Pufendorf
et de son habile traducteur tendent surtout à produire cette
conviction, qui doit être la fin de toute doctrine morale ;
mais, pour qu'ils soient acceptés par les philosophes, il
faut les présenter sous une forme plus scientifique, et les
appuyer sur une connaissance plus approfondie de la nature humaine et des vérités métaphysiques : c'est le but
que je me suis proposé dans ces recherches.

CHAPITRE PREMIER.

EXAMEN DU SYSTÈME DE KANT SUR L'OBLIGATION MORALE.

§ 1ᵉʳ. ANALYSE DE L'IDÉE D'OBLIGATION.

Il y a quelques années, quand on voulait faire connaître la morale de Kant, on était obligé d'exposer longuement sa métaphysique, et de donner en quelque sorte la clef de son langage philosophique. Grace à de savantes études, à d'élégantes analyses, à des traductions fidèles, cette grande philosophie est devenue aujourd'hui presque populaire parmi tous les esprits cultivés (1). Je puis donc immédiatement, en laissant de côté les principes métaphysiques de Kant et son scepticisme rationnel, examiner sa doctrine sur l'obligation morale.

Le système moral de Kant est développé dans deux ouvrages qui se font suite et se complètent l'un l'autre : les *Fondements de la métaphysique des mœurs* et la *Critique de la raison pratique*. Le savant traducteur, qui les

---

(1) Nul n'a plus contribué à ce résultat, après M. Cousin, que l'un de mes maîtres, M. Jules Barni, qui a entrepris de donner à la France une traduction complète des œuvres de Kant. Je dois beaucoup à ses traductions de la *Critique de la raison pratique* et des *Eléments métaphysiques de la doctrine du droit* : qu'il reçoive ici l'hommage de ma reconnaissance.

a pour la première fois fait passer dans notre langue, les a analysés dans toutes leurs parties. Je ne referai pas après lui cette analyse ; je me bornerai à exposer et à discuter, sans suivre pas à pas l'ordre de l'auteur, toutes les idées du philosophe allemand qui pourront servir à mettre en lumière les caractères essentiels de l'obligation (1).

On sait comment procède Kant : sans étudier la nature humaine, sans comparer entre eux les faits particuliers qui se produisent dans notre âme, pour s'élever ainsi à des lois générales, il prend une idée en elle-même, abstraction faite de l'esprit qui la conçoit et de l'objet auquel elle s'applique ; et ce n'est qu'après l'avoir analysée, qu'il en fait la *déduction*, c'est-à-dire, qu'il cherche s'il peut y avoir un objet réel dont elle soit la représentation. Cette méthode est souvent dangereuse : elle donne pour point de départ à toutes les théories philosophiques des idées abstraites ; mais on peut l'employer sans inconvénient, lorsqu'il ne s'agit que d'expliquer en quoi consiste l'obligation, et non d'en chercher l'origine. En effet, l'obligation morale puise toute sa force en elle-même ; les autres mobiles, l'intérêt bien entendu, la sympathie pour autrui, l'amour de Dieu, peuvent se joindre à ce principe suprême et lui prêter leur appui ; mais leur concours n'ajoute rien à son autorité ; elle subsiste tout entière en l'absence de ces mobiles. Il n'y a donc aucun danger à isoler l'obligation morale, à l'abstraire complétement de toute considération étrangère (2).

Pour concevoir l'obligation morale, il suffit, suivant Kant, de se faire l'idée d'une volonté. Il n'y a, en effet, qu'une volonté qui agisse par devoir ; tout le reste est entraîné par les lois de la nature. Or, qu'est-ce qu'une vo-

---

(1) Dans toutes mes citations de Kant, je suivrai les traductions de M. Barni.

(2) Cf. *Fondements de la métaphysique des mœurs*, p. 7.

lonté dans le système de Kant? C'est la faculté que possède un être, ou bien de produire des objets conformes à ses re-présentations, ou de se déterminer soi-même à la produc-tion de tels objets (1) En termes plus clairs, c'est la faculté que nous avons de nous déterminer , en nous représentant certaines raisons d'agir. La volonté, ainsi définie, n'appar-tient pas seulement à l'homme, mais à tout être raisonna-ble ; il n'est donc pas nécessaire d'observer la nature hu-maine pour s'en faire une idée pure (2).

Les raisons d'agir, auxquelles cède la volonté, sont des principes ou des maximes. Kant donne le nom de principes aux raisons que nous nous représentons en elles-mêmes, comme pouvant déterminer toute volonté ; et celui de maximes, à celles que chacun conçoit simplement, comme exerçant une certaine influence sur sa volonté person-nelle (3).

On peut sans doute concevoir des êtres dont la volonté soit inévitablement déterminée par certains principes ; mais des êtres moins parfaits, sollicités en sens divers par des maximes ou des principes opposés , ne cèderont aux rai-sons qui les font agir que si elles font violence aux autres motifs. Ces raisons se présentent alors sous la forme de commandements, ou, pour employer le langage de Kant, elles deviennent des *impératifs* (4).

Kant distingue trois impératifs : le premier exprime une nécessité relative à un but particulier, qu'on peut poursuivre ou négliger , comme , par exemple, quand je conçois la nécessité d'étudier le droit pour exercer la profession d'avocat ; le second se rapporte à un but néces-saire, qu'aucun être intelligent ne peut s'empêcher de re-chercher, et qui n'est autre que le bonheur ; enfin, le troi-

---

(1) *Critique de la raison pratique*, p. 147.
(2) *Fondements de la métaphysique des mœurs*, p. 9.
(3) *Critique*, p. 153.
(4) *Fondements*, p. 45.

sième est conçu en lui-même, indépendamment de toute espèce de but, comme la loi nécessaire d'un être raisonnable. Les deux premiers, subordonnés à un but, forment *l'impératif hypothétique*; le troisième est *l'impératif catégorique* (1).

L'impératif hypothétique, en agissant sur la volonté, ne lui apparaît jamais comme un principe nécessaire. En effet, lors même qu'il se rapporte au bonheur, c'est sans doute un but que toute volonté poursuit, mais chacun l'entend à sa façon, et on y peut tendre par des moyens divers. Cet impératif n'est donc dans tous les cas qu'un simple conseil, et il puise toute sa force dans les maximes particulières que s'est proposées chaque individu.

L'impératif catégorique est l'expression d'une loi absolue, universelle, invariable, qu'une volonté parfaite suivrait inévitablement, mais qui, pour une volonté imparfaite et partagée entre divers motifs, ne triomphe qu'après une lutte intérieure et une sorte de contrainte exercée sur les penchants opposés; en un mot, ce n'est plus un conseil, mais une *obligation* (2).

Qu'est-ce donc que l'obligation? C'est un commandement absolu, imposant à la volonté une loi nécessaire et universelle (3). Cette loi est la loi morale; les actions qu'elle embrasse prennent le nom de *devoirs*; et l'impératif, qui en ordonne l'observation, est appelé par Kant *l'impératif de la moralité*, tandis que les autres sont les *impératifs de la prudence*.

On peut remarquer que ces définitions et ces distinctions, quelle qu'en soit l'exactitude, ne prouvent nullement l'existence d'un principe obligatoire. Kant s'est fait l'idée

---

(1) *Fondements*, pp. 47 et suiv.
(2) Ibid., p. 51; *Critique*, p. 177.
(3) Les termes de cette définition ne sont pas de Kant; mais ils expriment, je crois, fidèlement sa théorie.

d'une volonté ; il s'est représenté des volontés imparfaites, n'obéissant qu'à des impératifs ; il a conçu parmi ces impératifs un commandement absolu, indépendant de toute condition ; mais il n'a fait jusqu'à présent que de simples hypothèses, et, tant qu'il n'observe pas la nature humaine, il ne peut affirmer, ni que l'homme ait une volonté, ni que cette volonté soit assujettie à une loi morale. Mais, nous qui ne professons pas le même dédain que lui pour l'observation intérieure, nous pouvons chercher s'il y a en nous quelque chose qui réponde aux notions qu'il a définies. Il est d'abord évident que nous possédons une volonté ; et, par là, nous entendons, comme Kant, la faculté que nous avons de nous déterminer par nous-mêmes, sans l'influence de certains motifs. On prétend, il est vrai, que l'homme agit quelquefois sans motif : ainsi, quand nous choisissons au hasard quelques grains dans un tas de blé, aucune raison, aucun sentiment ne semble décider notre choix. J'admets le fait sur lequel on s'appuie ; mais quel est, dans cette hypothèse, l'objet propre de la volonté? Nous ne voulons pas tel ou tel grain, nous voulons seulement prendre une poignée de grains dont nous avons besoin, ou qui nous font envie ; notre choix est indifférent ; mais la résolution de choisir ne l'est pas, et c'est cette résolution qui appartient véritablement à la volonté.

La théorie de Kant n'est pas moins conforme à l'idée que nous nous faisons de l'obligation morale. Nous ne donnons point le nom d'obligation à nos penchants, à nos désirs, aux affections variables de la sensibilité. Nos sentiments les plus élevés, l'amour du bien, l'amour de Dieu, sont loin d'avoir par eux-mêmes un caractère obligatoire et de déterminer nos devoirs ; que j'aime ou non la vertu, je n'en dois pas moins être vertueux. Les vérités conçues par la raison n'impliquent également aucune obligation, s'il ne s'y joint un ordre positif qui nous fasse une loi d'y conformer notre conduite. Je conçois nécessairement qu'il est beau pour tous les hommes de consacrer leur fortune à des

actes de charité ; mais quel que soit le mérite d'un tel sacrifice, il n'est pas obligatoire. Mais s'il faut un commandement pour fixer nos devoirs, ce commandement n'a rien
d'arbitraire ; il puise sa valeur en lui-même. Lorsque j'agis
en vue de quelque but, je ne crois faire mon devoir que si
ce but lui-même est obligatoire, et s'il n'y a pas d'autre
moyen de l'atteindre : autrement, malgré une maxime célèbre, la fin ne justifie pas les moyens. Or, parmi les fins
que je puis poursuivre, il en est une qui m'attire sans cesse :
c'est mon intérêt personnel, c'est la satisfaction de mes
désirs, en un mot, c'est le bonheur ; mais l'homme le plus
égoïste ne voit jamais une obligation dans la recherche du
bonheur : s'il sacrifiait son intérêt, il ne croirait pas manquer à son devoir. Je puis aussi chercher dans l'intérêt de
mes semblables la fin de mes actions ; mais, si je ne me propose que de leur être agréable ou utile ; si je ne comprends
pas que je fais une chose absolument bonne, en respectant
leurs droits ou en leur rendant service, je n'agis pas par
devoir. Quelles sont donc les seules actions que je regarde
comme obligatoires? Ce sont celles que j'accomplis pour
elles-mêmes, qui ne sont subordonnées à aucun but, et
dont la valeur morale ne dépend pas de leurs conséquences. Aussi, quand une puissance supérieure m'impose des
lois arbitraires, elle peut sans doute me forcer à lui obéir,
mais je ne lui obéis que par contrainte ou par intérêt, et
non par devoir, si elle n'a pas par elle-même le droit d'exiger ma soumission.

Kant a cherché à déterminer les caractères nécessaires
de toutes les actions qu'embrasse la loi morale, et que nous
sommes obligés d'accomplir. Il a reconnu d'abord qu'elles
doivent être conformes à la raison. En effet, nous ne connaissons qu'au moyen de la raison ce qui est absolu ; de
même que l'expérience seule nous apprend ce qui est relatif, ce qui dépend de quelque condition. Or on a vu que la
loi morale tire d'elle-même toute sa valeur ; c'est donc à la
raison seule qu'il faut en demander la connaissance.

~ Kant a donné trois formules pour apprécier, au moyen
de la raison pure, les actes qui sont l'objet de l'obligation
morale. Elles se déduisent rigoureusement de la définition
de l'impératif catégorique.

Si nos devoirs ne dépendent d'aucun but, d'aucune condition particulière, ils sont les mêmes pour tous les hommes; de là, la première formule de Kant : « Agis toujours
d'après une maxime telle, que tu puisses vouloir qu'elle
soit une loi universelle (1). »

Quand la volonté accomplit la loi morale, elle se soustrait à l'empire de tous les objets extérieurs, pour ne se déterminer que d'après des principes absolus. Elle ne trouve
donc pas sa fin au dehors, mais en elle-même; elle devient,
suivant l'expression de Kant, une *fin en soi*; la traiter autrement, soit en nous-mêmes, soit chez nos semblables,
s'en servir comme d'un instrument pour arriver à un but
quelconque, c'est méconnaître l'universalité de la loi, c'est
outrager le devoir. De là, cette nouvelle formule : « Agis de
telle sorte, que tu traites toujours l'humanité, soit dans ta
personne, soit dans celle d'autrui, comme une fin, et que
tu ne t'en serves jamais comme d'un moyen (2). »

En cessant d'être asservie aux lois fatales de la nature
dans ses déterminations morales, en devenant une fin en
soi, la volonté entre en possession d'elle-même, elle est,
en un mot, *autonome*; en se laissant entraîner, au contraire, par les mobiles étrangers à la moralité, elle se met
au service des différents buts qu'elle poursuit, elle trouve
sa loi hors d'elle-même, en un mot, elle est *hétéronome*.
L'autonomie de la volonté, telle est donc la conséquence
de la loi morale; l'hétéronomie, celle des motifs empiriques (3). Or, l'autonomie n'est autre que la liberté dans son

(1) *Fondements*, p. 58.
(2) Ibid., p. 71.
(3) Ibid., p. 77.

plein et entier exercice. En obéissant à la loi, on devient donc maître de soi, on fait acte de liberté, et l'obligation morale, dans la contrainte qu'elle exerce sur nos penchants et sur nos passions, ne fait que nous affranchir. En possession de sa liberté, repoussant toute maxime qui l'assujettit au monde extérieur, la volonté se dicte à elle-même la loi qui l'oblige; elle oppose cette loi, pour assurer son indépendance, aux passions qui la sollicitent, à tous les maîtres extérieurs qui veulent usurper sur elle. C'est donc elle-même, quand elle est vraiment libre, qui veut nécessairement s'obliger à certains actes; dans son empire sur elle-même, elle est sa propre législatrice. Si elle était parfaite, elle ne voudrait que sa loi, et toutes ses déterminations exprimeraient des principes nécessaires. Mais, si sa nature imparfaite la soumet constamment à des influences diverses, si elle cède tantôt au devoir, tantôt à la passion ou à l'intérêt, comment reconnaîtra-t-on, parmi tant de résolutions contraires, celle qui est vraiment une loi et que l'homme s'impose à lui-même comme un principe obligatoire? Il suffit de se rappeler le caractère universel que doit avoir la loi morale. Toute détermination qui présente ce caractère est une loi absolue que s'impose une volonté vraiment libre, et qu'elle pourrait imposer à tous les êtres raisonnables. Une volonté autonome n'est donc pas seulement sa propre législatrice, mais une législatrice universelle. Cette idée d'une volonté considérée comme législatrice universelle dans son empire sur elle-même et dans l'exercice de sa liberté, est la troisième formule à laquelle Kant ramène le principe moral (1).

Il n'entre pas dans mon plan de développer la théorie ingénieuse que Kant rattache à cette formule, je veux dire l'idée d'un royaume ou d'un règne des fins, dans lequel toutes les volontés, échappant à l'influence des motifs par-

(1) *Fondements*, p. 74.

ticuliers qui les assujettissent à des buts étrangers, deviendraient réellement, en fait comme en droit, des *fins en soi*, trouveraient en elles-mêmes leur propre loi, et seraient ainsi tout ensemble, sujettes et législatrices (1). Il est d'ailleurs inutile d'insister sur la grandeur des maximes qui servent de base à cette théorie, et qui, sous une forme un peu abstraite, nous donnent une si haute idée des droits de l'humanité.

Cependant ces formules, si flatteuses pour notre orgueil, ont, au premier abord, quelque chose de paradoxal. N'est-ce pas le comble de la présomption, que de chercher en nous-mêmes, dans notre propre volonté, la fin de nos actions? Pour bien comprendre la théorie de Kant, il faut se rappeler quelle est la nature de l'obligation morale. Si tout devoir est l'objet d'un commandement universel, il suppose évidemment que toutes les volontés ont le pouvoir de l'accomplir. Or, il n'y a qu'une chose qui soit naturellement au pouvoir de tous les hommes, dans tous les lieux, dans tous les temps, dans toutes les circonstances : c'est l'empire qu'ils exercent sur eux-mêmes. La volonté, pour accomplir sa loi, doit donc se soustraire à l'action de tout objet extérieur, et chercher intérieurement, dans la possession de soi-même, le but qu'elle doit poursuivre. C'est dans ce sens qu'elle est sa propre fin, qu'elle est *une fin en soi*. Mais elle n'est pas affranchie pour cela de sa dépendance envers Dieu : l'être parfait veut nécessairement la réalisation de la loi morale; il veut par conséquent qu'aucun être raisonnable ne renonce au gouvernement de soi-même. Dieu n'est pas pour nous un de ces objets étrangers dont nous devons fuir l'influence; en le prenant pour sa loi suprême, notre âme ne cesse pas de s'appartenir et d'être à elle-même sa propre fin.

Mais si l'on peut accepter ces trois formules, elles ont

_____

(1) *Fondements*, pp. 77 et suiv.

cependant un caractère abstrait, qui empêchera toujours qu'on ne les applique avec fruit. Considérons, par exemple, cette première règle : « Agis toujours d'après une maxime telle, que tu puisses vouloir qu'elle soit une loi universelle. » C'est sans contredit la plus simple et la plus pratique ; mais les cas particuliers auxquels Kant a cherché à l'appliquer, montrent combien elle est insuffisante et inefficace. Le premier est le suicide, causé par le désespoir, ou par le dégoût de la vie, qui n'est qu'une forme de l'amour de soi. « Je ne puis vouloir, dit-il, que ce soit une loi universelle d'attenter à ses jours par amour pour soi-même, en vertu du même penchant qui porte à conserver sa vie : car une nature dont ce serait la loi serait en contradiction avec elle-même (1). » Pour que cette conclusion fût juste, il faudrait prouver qu'on ne peut s'aimer sans tenir à cette vie mortelle ; que le désir du bonheur, qui fait le fond de l'amour de soi, ne peut être satisfait que sur cette terre, et que ce désir se contredit lui-même, quand il nous porte à prendre en dégoût notre existence terrestre et à porter plus haut nos espérances. Non que je veuille excuser le suicide ; mais les propositions au nom desquelles Kant le condamne sont assurément fort contestables. Ainsi, dès qu'il veut appliquer sa formule, il est conduit lui-même à chercher les raisons les plus subtiles et les moins concluantes. Comment les autres hommes y trouveraient-ils une règle de conduite ?

Enfin, les formules de Kant ne nous apprennent rien sur l'obligation elle-même, mais seulement sur la loi morale, dont l'observation est l'objet de nos devoirs. Or, la loi morale, telle que Kant l'a définie, ne se confond pas avec l'obligation. Elle exprime toutes les actions qu'on accomplit pour elles-mêmes, et non en vue de quelque but. Quand ces actions nous sont imposées, elles deviennent des de-

---

(1) *Fondements*, p. 59.

voirs; mais elles ne seraient pas moins bonnes, elles ne satisfairaient pas moins la raison, si elles n'étaient l'objet d'aucune obligation. Il en est de la loi naturelle comme des lois civiles : tant qu'elles ne sont pas promulguées, on n'est pas obligé de les observer ; mais elles ne sont pour cela ni moins sages, ni moins justes, et un honnête homme peut y conformer sa conduite, avant que le législateur lui en fasse un devoir.

La valeur de la loi morale est donc indépendante de son caractère obligatoire. Aussi les formules de Kant s'appliquent à Dieu comme à l'homme, quoiqu'il n'y ait pour Dieu aucune obligation. L'être parfait n'a point à choisir entre divers motifs ; il ne dépend que de lui-même ; il agit toujours avec une entière liberté, et ses décisions sont une loi pour toutes les volontés aussi bien que pour la sienne. Rien ne lui est commandé, rien ne s'impose à lui comme un ordre qui exige son obéissance, et c'est l'assimiler à l'homme que de parler de ses devoirs. Mais, dans cette pleine indépendance, il ne suit que des maximes raisonnables: se soumettre à d'autres maximes, ce serait cesser d'être libre, ou plutôt cesser d'être Dieu. Il n'agit donc jamais que d'après des principes absolus, il est à lui-même sa propre fin, il est parfaitement maître de lui-même ; en un mot, il réalise éternellement la loi morale, telle que Kant l'a définie, sans qu'elle soit pour lui l'objet d'un commandement ou d'une obligation.

Il n'en est pas ainsi pour l'homme. Au milieu des luttes continuelles qu'il est obligé de soutenir entre les divers penchants qui le sollicitent, la loi morale obtient rarement la victoire, si les maximes qu'elle lui présente, ne s'imposent pas à sa volonté sous la forme du devoir. Et cependant l'homme lui-même observe quelquefois la loi, sans qu'elle ait à ses yeux un caractère obligatoire. Ne peut-il en effet se rendre maître de lui-même, s'affranchir du joug des passions et des objets qui les font naître, et ne s'assujettir qu'à des maximes universelles, par la seule impulsion d'une heureuse nature, sans penser aux devoirs qu'il accomplit, et sans même se renfermer dans les limites du simple devoir? Considérons en effet ces actes de dévouement, que nous admirons d'autant plus qu'ils n'ont rien d'obligatoire. Ne rentrent-ils pas parfaitement dans les formules de Kant? Ne sont-ce pas des actions qu'on accomplit pour elles-mêmes, et qu'on ne peut accomplir sans une entière liberté? Ils sont donc compris dans la loi morale, aussi bien que les devoirs, auxquels ils sont infiniment supérieurs.

Dans le langage ordinaire, la loi morale n'a pour objet que les actes obligatoires. Mais elle s'applique pour Kant à toutes les bonnes actions : ce n'est pas seulement la loi des honnêtes gens, c'est aussi la loi de Dieu et des saints. Kant lui-même a développé l'idée d'une volonté sainte se conformant dans tous ses actes à des principes absolus, sans qu'elle se sente obligée de les suivre. Dieu seul réalise cet idéal, que l'Évangile propose à l'imitation des hommes. Quel est en effet le premier précepte évangélique ? « Aime Dieu par-dessus tout, et ton prochain comme toi-même. » Or l'amour est un sentiment qui ne peut être commandé ; mais, dans l'état de sainteté, cet amour de Dieu et du prochain existe nécessairement, et la volonté le prend d'elle-même pour guide. On peut donc le considérer comme la loi d'une volonté parfaite. Mais, pour des êtres imparfaits, l'amour ne suffit pas, il faut un ordre précis, exigeant avec autorité les mêmes actions que l'amour produisait sans effort. Le précepte évangélique exprime donc la loi morale, sous la forme qu'elle aurait pour les saints, et par conséquent comme un idéal, qu'aucune créature ne peut atteindre, mais qui cependant est le type dont nous devons tendre à nous rapprocher par un progrès indéfini (1).

Il faut donc distinguer deux lois morales : l'une plus restreinte, s'appliquant à l'homme seul, et ne lui présentant

_____

(1) *Critique de la raison pratique*, pp. 263 et suiv.

que des règles obligatoires ; l'autre plus étendue, s'appliquant à la fois à l'homme et à Dieu, et embrassant toutes les actions qui ont par elles-mêmes une véritable valeur. Les formules de Kant conviennent à l'une et à l'autre ; elles indiquent les caractères que doivent offrir tous les actes moraux ; mais elles ne fournissent aucune lumière pour déterminer parmi ces actes ceux qu'on est obligé d'accomplir.

Il faut enfin avouer que cette loi morale, qui n'est jusqu'à présent, soit pour l'homme, soit pour Dieu, qu'un principe universel, une forme abstraite de la liberté, ne s'appliquant à aucun objet particulier, a quelque chose de vide et d'indéterminé, et qu'on a hâte de la voir sortir de ces formules métaphysiques. Aussi, après avoir établi que la matière de la loi ne constitue en aucune façon son autorité nécessaire, Kant croit cependant utile d'expliquer quel est l'objet qu'elle propose à la volonté. Cet objet est le bien : toutes les fois que nous agissons d'après la représentation de la loi, nous faisons bien ; dans toute action contraire, nous faisons mal (1).

Les termes de bien et de mal ont une double acception, que le philosophe allemand a nettement distinguée. On les prend quelquefois dans un sens empirique, en les subordonnant à un but particulier, et alors ils n'expriment que des idées relatives : ainsi la douleur physique peut être un bien sous certains rapports, quoique, sous d'autres, elle soit un mal. On prend aussi le bien et le mal dans un sens absolu, en dehors de tout but, de tout point de vue particulier : c'est dans cette dernière acception que le bien est l'objet de la loi morale, et le mal, une violation de cette loi.

Il n'y a, suivant Kant, qu'une volonté autonome, se gouvernant elle-même d'après des principes universels, qui

---

(1) *Critique*, p. 221.

puisse être absolument bonne : car tout le reste dépend de quelque but, et par conséquent n'a rien d'absolu. Il trouve donc, dans les formules mêmes de la loi morale, la seule expression légitime du bien, et regarde comme une folie de chercher une idée du bien, antérieure à celle de la loi (1).

Je ne saurais accepter cette conclusion. Tous les grands philosophes, qui, de près ou de loin, se sont inspirés de Platon, saint Augustin, saint Thomas, Malebranche, Leibnitz, pour ne citer que les plus illustres, ont vu en Dieu même le type du bien, le modèle parfait que réalise plus ou moins complétement tout ce qu'on appelle bien sur la terre, auquel est opposé tout ce qu'on appelle mal. On trouve donc dans la perfection divine, quand même toute idée de loi ou d'obligation morale cesserait d'être conçue, un idéal de sainteté, auquel on peut s'efforcer de conformer ses actions, sans espérer d'en égaler la beauté sublime, et la ressemblance avec Dieu devient ainsi le principe et le but de notre conduite (2).

Mais comment rattacher cette conception du bien à la notion du devoir? Si Dieu est le bien suprême, la loi éternelle, d'après laquelle il se détermine, et qu'il ne trouve qu'en lui-même, porte évidemment le caractère de sa divine nature, c'est-à-dire le caractère du bien. Ainsi, pour la volonté divine, suivre une loi absolue, jouir d'une entière liberté, et faire le bien, sont des expressions identiques.

---

(1) *Critique*, p. 231.

(2) « Il n'est pas possible, Theodore, que le mal soit détruit, parce qu'il faut toujours qu'il y ait quelque chose de contraire au bien ; on ne peut pas non plus le placer parmi les dieux : c'est donc une nécessité qu'il circule sur cette terre et autour de notre nature mortelle. C'est pourquoi nous devons tâcher de fuir au plus vite de ce séjour à l'autre; or, cette fuite, c'est la ressemblance avec Dieu, et on ressemble à Dieu par la justice, la sainteté et la sagesse. »

(Platon, *Théétète*, traduction de M. Cousin.)

Mais, quand on descend de Dieu à l'homme, on trouve une volonté qui ne sait pas toujours se gouverner elle-même, et, en maintenant sa liberté contre toute influence étrangère, se conformer à Dieu par la pratique du bien. Pour une telle volonté, la loi qui assure sa liberté, a besoin de commander, de faire violence aux passions, de recevoir un caractère obligatoire. Kant établit parfaitement cette nécessité. Mais rien ne prouve, comme il paraît le croire, que les principes rationnels, d'après lesquels se détermine la volonté de Dieu, et toute volonté maîtresse d'elle-même, se présentent toujours à nous sous la forme d'une obligation. On peut concevoir, au contraire, que ces principes absolus, qui font de la volonté une *fin en soi*, et qui sauvegardent sa liberté, s'imposent, dans certains cas, comme une règle obligatoire, tandis que, dans d'autres, ils cessent de commander. S'il en est ainsi, comme on n'en pourrait douter, quand nous faisons le bien sans y être obligés, nous suivons cette loi parfaite, dont nous trouvons le type en Dieu, mais qui, s'accommodant à la faiblesse humaine, nous permet de la négliger ; et quand nous remplissons un devoir, nous cédons à cette même loi, dans ce qu'elle a d'obligatoire.

Le bien n'est donc pas simplement l'expression de la loi morale : il est quelque chose de positif ; il représente la perfection divine, et nous offre ainsi un modèle, dont toute action conforme à la loi doit être une imitation plus ou moins parfaite. Mais il ne peut éclairer pour nous que ces maximes universelles qui s'appliquent à toutes les volontés ; il faut un nouveau principe pour discerner parmi ces maximes celles qui sont obligatoires.

La théorie de Kant est donc sur ce point doublement défectueuse : il n'a pas connu la nature du bien, et il a identifié le bien avec l'obligation. L'erreur qu'il a commise est une nouvelle preuve de l'insuffisance de sa méthode : comme il se renferme dans l'idée abstraite d'une volonté pure, se déterminant d'après des lois générales, il ne peut appliquer au bien et à l'obligation que les conséquences qu'il tire de cette idée par une série de déductions.

Cependant, malgré sa prétention de ne rien emprunter à l'expérience, il s'est montré observateur subtil du cœur de l'homme, dans une dernière recherche, qui complète l'analyse de l'obligation : c'est l'exposition des mobiles auxquels cède la volonté, quand elle suit la loi morale (1).

— Ces mobiles sont des sentiments qui intéressent la volonté à l'accomplissement du devoir, et qui l'aident à triompher des inclinations opposées. Ils n'existent pas pour Dieu, qui n'a jamais à choisir, après une lutte intérieure, entre des principes différents; mais ils sont nécessaires pour l'homme, qui ne peut vaincre ses passions, sans leur opposer des sentiments contraires, dont il subit également l'empire. Telle est, en effet, la nature de la sensibilité, qu'on ne peut agir sur elle, sans qu'elle ressente aussitôt des mouvements de peine ou de plaisir. Ces sentiments particuliers, créés par l'action de la loi morale, ne sont point, comme l'ont voulu quelques philosophes, les principes qui doivent diriger notre conduite, car elle ne peut trouver dans la sensibilité que des mobiles variables, et par conséquent sans valeur morale. Nous ne devons prendre pour règle ni la sympathie pour autrui, ni l'amour désintéressé du bien, ni le sentiment moral. Ces nobles inclinations, quoique infiniment supérieures aux penchants égoïstes, ne contiennent tout au plus que des maximes personnelles, qui puisent toute leur force dans le principe absolu auquel elles doivent leur origine. C'est le devoir seul qui réclame notre obéissance, soit qu'il agisse directement sur notre volonté, soit qu'il nous sollicite par les sentiments qu'il produit dans notre âme; ces sentiments

_____

(1) *Critique*, pp. 245 et suiv.

sont des auxiliaires qu'il se donne à lui-même, et qui n'ajoutent rien à son autorité souveraine (1).

— Le premier sentiment, suivant Kant, que la loi morale fait naître en nous, en combattant nos inclinations, est nécessairement un sentiment pénible. Nous souffrons de la violence que notre devoir fait à nos penchants ; Kant va jusqu'à dire qu'elle nous humilie. En effet, le propre de l'amour de soi est d'inspirer de la présomption, de glorifier l'homme à ses propres yeux. Or, le devoir n'a pas de plus grand ennemi que l'amour de soi, et il ne peut entraîner la volonté sans réduire au silence ce dangereux adversaire. Notre orgueil est donc humilié par le triomphe de la loi morale, par la soumission qu'elle exige de nous. Tel est, pour la sensibilité, l'effet pénible et négatif que produit le principe moral (2). Mais il produit en même temps un effet positif : le sentiment du respect.

Kant a un peu obscurci l'idée du respect, en voulant en retrancher tout ce qui tient à la sensibilité ordinaire. Il le définit : « La conscience d'une libre soumission de la volonté à la loi, mais accompagnée pourtant d'une contrainte inévitable, exercée sur tous nos penchants par notre propre raison (3). » Mais la conscience est une connaissance et non un sentiment. Or, vainement dépouillera-t-on le respect de tout caractère passionnel ou *pathologique*, pour employer les termes de Kant, en vain lui assignera-t-on une origine tout intellectuelle ; il appartient toujours à la sensibilité. Il eut donc mieux valu le définir : « Le sentiment excité en nous par la conscience d'une libre soumission à une loi obligatoire. »

Quoi qu'il en soit, nul n'a mieux reconnu que le philoso-

---

(1) Sur cette nécessité du sentiment moral, comme auxiliaire de l'idée d'obligation, voir l'ingénieuse théorie de M. Jules Simon (*Le Devoir*, 1re et 2e partie).

(2) *Critique*, p. 249.

(3) Ibid., p. 259 ; cf. *Fondements*, p. 25.

phe Allemand la vraie nature du respect. C'est un sentiment purement moral, que le devoir seul fait naître, et qui
n'a pour objet que le devoir. Dès que la loi morale nous fait
entendre sa voix, nous éprouvons aussitôt pour elle ce respect nécessaire; si nos semblables en général nous paraissent respectables, c'est qu'ils sont régis par la même loi ;
si nous avons pour quelques-uns un respect particulier,
c'est qu'ils nous offrent l'exemple de l'accomplissement
courageux du devoir. Nous n'avons point de respect pour
les choses, qui n'obéissent à aucun principe moral, mais
seulement pour les personnes. Chez les personnes elles-
mêmes, nous ne respecterons point ce qui est étranger à la
moralité : des vues intéressées, poursuivies avec une habileté extrême, et couronnées par un éclatant succès, exci-
teront notre envie et peut-être notre admiration, mais
n'obtiendront jamais notre respect. Si l'on s'incline quelquefois devant la supériorité du rang, c'est qu'on y voit, à
raison ou à tort, la représentation de l'autorité civile, con-
sacrée par la loi morale. Mais la connaissance des vices des
grands nous empêche souvent de les respecter; et, au
contraire, « devant l'humble bourgeois, en qui je vois
l'honnêteté du caractère, portée à un degré que je ne
trouve pas en moi-même, mon esprit s'incline, que je le
veuille ou non, et si haute que je porte la tête, pour lui
faire remarquer la supériorité de mon rang (1). »

Le respect, ajoute Kant, n'est pas un sentiment de plaisir; car, en nous-mêmes, l'obligation d'obéir à la loi fait
souffrir notre amour-propre; et, quant aux autres, nous
ne les respectons souvent qu'en nous faisant une sorte de
violence. Mais ce n'est pas non plus un sentiment de peine :
après avoir triomphé de notre présomption, nous ne pouvons nous lasser d'admirer la majesté de la loi (2). On

---

(1) *Critique*, p. 253.
(2) Ibid., pp. 254 et 255.

pourrait confondre plutôt le respect avec l'admiration; mais ce dernier sentiment s'applique aux choses comme aux personnes, et a souvent pour objet, chez les personnes elles-mêmes, des qualités brillantes, étrangères à la moralité. Le respect est une disposition d'une nature particulière, qui tout ensemble nous abaisse et nous élève : nous ne pouvons contempler le devoir, soit en nous-mêmes, soit chez les autres, sans y voir une puissance qui nous gêne et nous contrarie; mais nous y voyons en même temps le signe de notre grandeur réelle, la condition de notre affranchissement. C'est sous l'empire de cette loi sainte que nous nous sentons des personnes, et que, nous élevant au-dessus des choses, dont chacun peut disposer, nous nous attribuons un caractère inviolable. Enfin, c'est le respect de la loi qui nous fait sentir la valeur de nos actions, et qui nous fait éprouver une satisfaction intérieure, un contentement moral, quand le devoir les détermine, lors même qu'elles nous coûtent le plus d'efforts et de sacrifices (1).

Cette valeur de nos actions, fondée sur la loi morale, peut se rattacher aux idées du mérite et du démérite (2). Quand nous approuvons une action, nous associons nécessairement à l'idée de sa valeur celle du bonheur qui lui est dû; quand nous blâmons, au contraire, une action coupable, nous pensons en même temps aux souffrances méritées qui doivent la punir. Ces conceptions nécessaires du mérite et du démérite, des récompenses et des peines, sur lesquelles Kant a peu insisté, nous donnent un dernier principe, sans lequel l'obligation reste incomplète et inefficace : c'est la sanction de la morale.

Cette idée d'une sanction se lie, dans le système de Kant, à la théorie du souverain bien, qu'il fait consister,

(1) *Critique*, pp. 258 et suiv.
(2) Ibid., p. 187.

non-seulement dans la perfection d'une volonté maîtresse d'elle-même, mais dans la plénitude du bonheur (1). Dieu seul réalise absolument, par sa sainteté et sa béatitude, cet idéal suprême du bien; mais l'homme peut y tendre indéfiniment, en poursuivant sans cesse l'accord ou l'harmonie de la vertu et du bonheur. Or, si la vertu est en notre pouvoir, il n'en est pas ainsi du bonheur; soumis aux lois de la nature, nous sommes heureux ou malheureux par suite d'une foule de circonstances, qu'il ne dépend pas de nous de modifier à notre gré. L'auteur de la nature peut seul nous donner satisfaction, en nous assignant, dans cette vie ou dans une autre, une somme de biens ou de maux proportionnée à nos vertus ou à nos vices. C'est ainsi que la morale, par cette intervention de Dieu, reçoit sa sanction définitive (2).

A cette idée d'une sanction, complément nécessaire de la loi du devoir, doit s'arrêter l'analyse des éléments essentiels qui constituent l'obligation morale. Je n'ai plus qu'à résumer en peu de mots les résultats de cette analyse, en y faisant entrer les considérations qui m'ont paru indispensables, pour éclaircir ou pour rectifier sur quelques points la théorie de Kant.

L'obligation est un commandement nécessaire, imposant à la volonté une loi universelle. Cette loi, considérée en elle-même, indépendamment de l'obligation qui s'y attache, ne peut être conçue que par la raison. Elle s'applique également à tous les êtres raisonnables, et son universalité

_____

(1) *Critique*, pp. 309 et suiv.

(2) Ibid., pp. 332 et suiv. — Rien de plus fameux, dans le système de Kant, que cette nécessité d'une intervention divine, qui lui permet de sortir, par la voie de la raison pratique, de son scepticisme spéculatif, et de restituer, dans l'intérêt du devoir, aux idées de Dieu, de la liberté, de l'immortalité, la valeur absolue qu'il leur a refusée en théorie. Je n'ai point à discuter cette argumentation célèbre, et encore moins à la laver du reproche de contradiction qu'on lui fait communément.

est le premier signe qui manifeste son existence. Elle ne dépend d'aucun objet ; elle arrache au contraire la volonté qui la suit, à l'empire des choses extérieures, et rend l'humanité, dont elle est la règle, respectable en elle-même : c'est là sa seconde formule, ou la seconde marque qui la fait reconnaître. Enfin, en lui obéissant, nous devenons maîtres de nous-mêmes ; c'est nous-mêmes qui nous gouvernons avec une entière liberté, et les maximes que nous nous imposons, nous pourrions les dicter à toute volonté libre : cette idée de la volonté, considérée comme législatrice universelle, dans son empire sur elle-même, est la troisième formule de la loi morale.

L'objet de la loi est le bien, dont nous trouvons le type en Dieu ; pour une volonté parfaite, c'est une loi nécessaire de réaliser le bien suprême ; mais une volonté imparfaite ne peut qu'y tendre sans cesse, et le commandement précis, qui constitue pour elle l'obligation morale, restreint à certaines actions le bien qu'elle doit accomplir.

Pour agir sur la volonté, l'obligation morale fait violence à nos penchants, et, en luttant contre leur influence, fait naître dans la sensibilité des mobiles particuliers, qui lui servent d'auxiliaires. Ces mobiles se résument dans le respect de la loi, sentiment merveilleux, étranger à tout intérêt, à tout avantage personnel, qui rabaisse notre amour-propre et nous relève en même temps, en nous faisant sentir notre dignité, et que le devoir seul, en triomphant de nos inclinations, a le privilége d'exciter en nous, soit pour nous-mêmes, soit pour nos semblables.

Enfin, l'observation ou la violation d'une loi obligatoire a pour conséquence nécessaire le mérite ou le démérite : le bien, supposant à la fois, dans son type souverain, la vertu et le bonheur, la loi serait incomplète et contradictoire, si la pratique du bien n'entraînait aucune récompense, et le mal aucun châtiment.

Cette analyse de l'obligation, qui sera l'éternel honneur du système moral de Kant, et qui n'a eu besoin d'être rectifiée que sur quelques points, nous fait connaître parfaitement la nature et l'objet de l'obligation morale, ainsi que ses conséquences nécessaires. Mais nous donne-t-elle un principe pour reconnaître nos devoirs? On a vu que ce principe ne peut se trouver, ni dans l'idée du bien, ni dans la loi morale, puisqu'il y a des actions vraiment bonnes et conformes à la loi, qui ne sont pas obligatoires. Il ne faut pas non plus le demander aux sentiments produits dans notre âme par l'idée du devoir, quoiqu'ils nous offrent quelque chose de plus précis : car ils sont variables comme toutes les affections de la sensibilité. Mais si les effets de l'obligation et les objets auxquels elle s'applique ne suffisent pas pour nous éclairer, nous pouvons remonter jusqu'à son origine, jusqu'au principe d'où elle émane : c'est la dernière question sur laquelle nous avons à interroger le système de Kant.

§ 2. ORIGINE DE L'OBLIGATION.

« Devoir ! mot grand et sublime, toi qui n'as rien d'agréable ni de flatteur, et commandes la soumission, sans pourtant employer, pour ébranler la volonté, des menaces propres à exciter naturellement l'aversion et la terreur, mais en te bornant à proposer une loi qui, d'elle-même, s'introduit dans l'âme, et la force au respect (sinon toujours à l'obéissance), et devant laquelle se taisent tous les penchants, quoiqu'ils travaillent sourdement contre elle ; quelle origine est digne de toi ? Où trouver la racine de ta noble tige, qui repousse fièrement toute alliance avec les penchants, cette racine où il faut placer la condition indispensable de la valeur que les hommes peuvent se donner à eux-mêmes (1) ? »

(1) *Critique de la raison pratique*, p. 269.

C'est dans ces termes, avec un accent presque lyrique, que le philosophe de Kœnigsberg pose lui-même la question, qui fait l'objet de ces recherches. Mais il ne faut pas confondre cette origine de l'obligation, dont il parle sur un ton si magnifique, avec celle de la loi morale. La loi morale, dans le système de Kant, est simplement le principe nécessaire, d'après lequel se détermine toute volonté raisonnable, lorsqu'elle est complétement maîtresse d'elle-même. L'être parfait suit ce principe, sans qu'il soit pour lui l'objet d'aucun commandement, d'aucune obligation ; les hommes eux-mêmes, lorsqu'ils observent sans effort, d'après la seule considération du bien, les règles absolues, auxquelles nous ne cédons ordinairement que par devoir, conçoivent ces règles, indépendamment de toute prescription obligatoire. Kant a clairement établi que la volonté divine, se gouvernant elle-même avec une pleine liberté, et se portant nécessairement au bien, dont elle ne pourrait s'écarter sans se détruire, nous offre le type de la loi morale, qui, par conséquent, subsiste en Dieu même, et fait partie de sa nature. Il a renversé par là tous les systèmes qui fondent la morale sur des sentiments variables ou sur des notions empiriques, et dont la discussion occupe tant de place dans la plupart des livres de morale. Mais il reste toujours à rechercher quelle est l'origine du commandement qui impose à la volonté humaine l'accomplissement de la loi.

Cette racine de l'obligation, pour parler comme le philosophe allemand, ne peut être, suivant lui, que ce qui élève l'homme au-dessus de lui-même, c'est-à-dire sa personnalité et sa liberté (1). Pour que l'homme soit parfaitement libre, et qu'il suive en même temps une loi impérative, il faut qu'il s'impose à lui-même cette loi de ses actions et

(1) *Critique*, p. 269; cf. *Fondements de la métaphysique des mœurs*, p. 100 et suiv.

qu'il force ses passions à se taire devant elle. Il subit donc
une contrainte, mais lui-même en est l'auteur, et le joug
auquel il soumet ses inclinations fatales, n'est qu'un commandement de sa volonté libre.

Voilà certes une singulière théorie, et, quoique on y soit
préparé par l'analyse de l'obligation, elle dérange un peu
nos idées sur la nature de la liberté humaine. En effet, cette
liberté, telle que la conscience nous la fait connaître, est la
faculté de choisir entre le bien et le mal, entre l'observation du devoir et une transgression coupable. Si l'obligation morale n'est autre chose que la contrainte exercée sur
nos penchants par nos libres déterminations, tout acte de
volonté est une loi qui nous oblige : je m'impose un égal
devoir, lorsque je fais taire mon orgueil, pour me plier, dans
mon intérêt, à des démarches qui m'humilient, ou lorsque je dompte ce même orgueil, pour consentir à l'aveu
d'une faute. En vain Kant dira-t-il que notre volonté ne
s'oblige elle-même, qu'en se conformant à une loi universelle, tout à fait étrangère aux suggestions de l'intérêt : il
faut, de deux choses l'une, ou qu'elle soit obligée, quand
même elle ne le voudrait pas, et que devient alors la théorie de Kant ? ou que l'obligation dépende de son libre
choix, et c'est elle-même alors qui en est l'arbitre.

D'ailleurs, un acte volontaire, par lequel on s'impose à
soi-même une règle ou une loi, n'aura jamais pour la conscience un caractère obligatoire, à moins qu'on ne suppose
un devoir antérieur. Je me fais une loi de ne jamais mentir :
je suis obligé de l'observer ; mais pourquoi ? c'est qu'elle
existait pour moi, avant que ma volonté se la fût imposée.
Mais si je me fais une loi de donner aux malheureux le
quart de mes revenus, c'est une résolution arbitraire, que
rien ne m'oblige à exécuter, et que je puis révoquer à mon
gré, quoique elle soit par elle-même essentiellement
bonne. On ne pourrait me reprocher tout au plus que ma
versatilité : car c'est un devoir pour tous les hommes de
persévérer, autant que possible, dans leurs bonnes résolutions.

Les conventions ou les contrats, par lesquels on s'engage à faire certaines actions, qui en elles-mêmes sont indifférentes, ne font point exception à ce principe. C'est un devoir de s'y conformer, parce qu'on est toujours obligé de tenir ses promesses, mais il suffit d'un accord commun, ou d'un devoir antérieur pour qu'on ait le droit de les annuler. Ainsi, la volonté humaine, dans l'exercice de son libre arbitre, ne peut créer aucune obligation.

Nous admettrons sans doute avec Kant, qu'en suivant la loi morale, la volonté s'affranchit du joug des passions, qu'elle devient tout à fait maîtresse d'elle-même, et qu'elle met sa liberté à l'abri de toute atteinte. Nous admettrons même qu'en réglant ses actions d'après le principe du devoir, elle s'impose une loi qu'elle pourrait dicter également à toute volonté raisonnable, et qu'elle peut ainsi se considérer comme une législatrice universelle. Mais en acceptant cette loi, en se l'imposant, si l'on veut, à elle-même, elle fait acte de soumission à une autorité supérieure, qui continuerait à lui commander, quand même elle se réglerait d'après des maximes contraires. La théorie de Kant semble donc sur ce point tout à fait vicieuse.

Cependant cette théorie bien comprise peut mettre sur la voie d'une solution véritable, et, en posant nettement la question, nous aider elle-même à démêler le sophisme qu'elle renferme. Mais, afin d'éviter toute confusion, il faut renoncer pour un moment à l'idée que nous nous faisons de la liberté humaine. En employant le même mot, Kant n'entend pas la même chose que le langage ordinaire. La liberté, dans son système, *est la propriété qu'a la volonté d'être à elle-même une loi* (1). Or, comme la loi morale doit être indépendante de tout objet particulier, une volonté libre est une volonté à laquelle *la forme législa-*

---

(1) *Fondements*, p. 99.

tive de ses maximes peut seule servir de loi (1), c'est-à-dire, en termes plus clairs, qui se détermine toujours d'après des règles universelles.

On se rendra mieux compte de cette définition, si on se rappelle que Kant ne cherche pas dans l'âme humaine les faits qu'il conçoit et qu'il analyse. Quand il parle de l'obligation et de la liberté, il n'entend point par là des faits positifs, dont la conscience atteste l'existence, mais de pures conceptions de la raison, qu'il considère en elles-mêmes. La grande question pour lui, c'est de démontrer par le raisonnement *la valeur objective* de ces conceptions, c'est-à-dire la possibilité de l'existence de leurs objets : c'est ce qu'il entend par *la déduction* d'un concept. Il confond ainsi deux questions qu'on distingue communément : l'origine d'une idée et celle de son objet. Or, en analysant l'idée d'obligation, il reconnaît qu'elle suppose une volonté qui trouve en elle-même sa propre loi, et qui repousse au nom de cette loi tout mobile contraire, et il appelle libre une telle volonté. En considérant de même l'idée de liberté, telle qu'il l'a définie, il voit qu'elle ne peut exister sans s'imposer des lois qui s'appliqueraient à toute volonté, et sans être par conséquent une législatrice universelle (2). Il y a donc corrélation entre ces deux idées ; mais la première, suivant Kant, celle qui conduit à l'autre, est l'idée d'obligation : en se reconnaissant soumis à des lois, l'homme croit à sa liberté ; seulement Kant restreint ce mot à la volonté de bien faire : une volonté mauvaise ne lui paraît pas digne du nom de libre.

Mais comment savons-nous que nous sommes obligés et, par suite, que nous sommes libres ? Kant arrive à cette croyance par la conception d'un monde intelligible, distinct du monde sensible (3).

---

(1) *Critique*, p. 171.
(2) Ibid., p. 172 et 173.
(3) Ibid., passim. — *Fondements*, pp. 106 et suiv.

— Dans le monde sensible, connu par expérience, Kant n'admet que des phénomènes. Or, on ne conçoit ces phénomènes qu'en se servant de certaines notions nécessaires, dont l'étude fait l'objet de la critique de la raison pure. Ces notions *a priori*, que l'expérience ne peut atteindre, nous transportent dans un autre monde que celui des sens, dans le monde intelligible, auquel nous appartenons par la raison, quoique, par les sens, nous fassions partie du monde sensible. Placés entre ces deux mondes, nous ne concevons l'un qu'au moyen de l'autre. Nous avons besoin des conceptions de la raison pour connaître les objets sensibles, et ces conceptions ne sont elles-mêmes que des lois de notre esprit, qui servent à nous représenter les phénomènes perçus par les sens, mais nous ne pouvons savoir si elles se rapportent à des objets réels. De là, dans le système métaphysique de Kant, l'impuissance de l'intelligence humaine, lorsqu'elle veut atteindre les choses en elles-mêmes. Mais il y a au moins, dans le monde intelligible, un objet que la raison peut affirmer : c'est sa propre existence. Comme être raisonnable, appartenant au monde intelligible, l'homme est une *chose en soi*, et non un simple phénomène ; il ne dépend que de sa raison ; il échappe à l'influence de toutes les causes fatales qui peuplent le monde sensible ; il est, en un mot, parfaitement libre : l'existence de la raison suppose donc celle de la liberté (1).

Kant admet donc en nous deux natures : l'une, intelligible, par laquelle nous possédons une raison et une liberté parfaites ; l'autre, sensible, par laquelle nous faisons partie du monde physique, et sommes soumis à ses lois fatales, qui se traduisent en inclinations et en passions. Renfermée dans le monde intelligible, la volonté n'a point de luttes à soutenir ; si elle se détermine, c'est sans effort, d'après la seule représentation de la loi ; mais dans le monde sensible, elle a une contrainte à exercer sur les af-

(1) *Fondements*, p. 108.

fections contraires à sa loi, et cette contrainte est, suivant Kant, un des éléments essentiels de l'obligation.

Assurément cette conception d'un monde intelligible, auquel nous participons par notre raison, et où notre volonté dicte elle-même la loi qui doit régir notre nature sensible, ne manque pas de grandeur, malgré les hypothèses et les erreurs métaphysiques sur lesquelles elle est fondée. Elle satisfait même, sous plusieurs rapports, aux conditions que doit remplir une théorie exacte de l'obligation morale ; car cette volonté pure, appartenant à un autre monde que les actions qui lui sont soumises, peut être considérée comme un principe supérieur, capable de nous commander, et la loi qu'elle nous impose, possède parfaitement les caractères d'universalité et de nécessité qui lui sont indispensables ; enfin, en lui obéissant, nous laissons dominer en nous notre nature intelligible, qui nous affranchit de la sujétion des choses extérieures, et nous jouissons par conséquent de la plus complète liberté. Mais cette liberté infaillible, qui est seule, dans le système de Kant, la racine de l'obligation, est précisément celle que nous attribuons à Dieu. Il faut donc supposer que la volonté humaine participe de la perfection divine, si on veut qu'elle trouve en elle-même l'origine première de la loi qui la dirige ; il faut faire de ce monde intelligible et de ce monde sensible quelque chose comme la *nature naturante* et la *nature naturée* de Spinosa, et l'on est bien près de tomber dans le panthéisme.

Mais cette conséquence extrême repose uniquement sur une théorie sans fondement. Toute la philosophie française, et je pourrais dire la philosophie de tous les pays, excepté de l'Allemagne, est unanime pour affirmer, conformément au sens commun, l'existence de la liberté, d'après le témoignage de la conscience, et pour donner ce nom, à une faculté vivante, choisissant à son gré entre le bien et le mal, et non à un principe abstrait, réalisant forcément certaines lois générales. L'hypothèse d'un monde intelligible est donc tout à fait inutile ; elle ne sert qu'à embrouiller et à compromettre la démonstration de la liberté.

Que reste-t-il donc de la théorie de Kant? La nécessité d'une autorité souveraine et incapable d'erreur, pour donner à la loi morale, qui doit régir la volonté humaine, un caractère obligatoire. Or, il n'y a que deux alternatives qui permettent de concevoir cette autorité, en échappant aux conséquences de la théorie kantienne ; ou bien, on verra dans cette liberté pure, qui se borne à exprimer les conceptions de la raison, la raison elle-même, acquérant le privilége de devenir pratique, c'est-à-dire, d'agir directement sur la volonté, et de commander aux passions ; ou bien, à la place de ce monde intelligible, imaginé par le philosophe allemand, on mettra Dieu lui-même, et, au lieu de cette liberté abstraite, à la fois supérieure à notre nature et partie intégrante de nous-mêmes, on donnera pour base à l'obligation la volonté divine. Dans le premier cas, on doit établir que la raison peut devenir pratique, c'est-à-dire, qu'elle possède tous les caractères nécessaires pour obliger la volonté à suivre ses décisions immuables ; dans le second, il faudra prouver que la volonté divine, en devenant notre législatrice, laisse à la loi morale son caractère absolu, et qu'en soumettant notre volonté à son empire, elle n'enlève rien à notre liberté.

Chacune de ces alternatives permet de poser deux questions distinctes. On peut se demander, par rapport à la raison, non-seulement si les principes qu'elle nous révèle et qui constituent la loi morale, sont pour la volonté des préceptes obligatoires, mais s'ils suffisent même pour nous donner l'idée de l'obligation. On doit également examiner, par rapport à la volonté divine, d'abord, si ses commandements peuvent être l'origine de l'obligation morale, et, en second lieu, dans le cas où elle fixerait elle-même nos devoirs, comment ses décrets pourraient être connus par les seules lumières naturelles. En un mot, pour chaque hypothèse, nous avons à rechercher d'où vient l'obligation, et comment nous en acquérons l'idée.

C'est la théorie de Kant, même dans ce qu'elle a de plus vicieux, qui nous a conduits à poser ces différentes questions ; c'est l'analyse qu'il a donnée de l'idée d'obligation, qui servira à les résoudre. Je me propose de démontrer dans les chapitres suivants, en m'appuyant sur les principes du philosophe allemand, que la première hypothèse ne peut rendre compte de l'existence d'une règle obligatoire, et que la seconde, en attribuant à Dieu l'origine de nos devoirs, est non-seulement justifiée par le témoignage de notre conscience, mais confirmée par toutes les vérités que conçoit notre raison elle-même.

CHAPITRE DEUXIÈME.

DE LA RAISON.

§ 1er. THÉORIE GÉNÉRALE DE LA RAISON.

« On peut dire avec vérité qu'il faut conformer sa conduite à la droite raison ; mais celui qui n'aurait pas d'autre
règle ne serait pas plus avancé que ceux qui demandent
quels sont les aliments convenables pour le corps, et à qui
l'on répond que ce sont les aliments prescrits par la méde-
cine............ Il faut donc définir ce que c'est que la droite
raison (1).»

Le nom de raison, en effet, quand il ne désigne pas l'intelligence tout entière, mais seulement l'une des facultés de
l'esprit, est un de ceux qui ont donné lieu aux discussions
les plus fréquentes, et qui ont le plus besoin d'être déterminés, non-seulement par une définition exacte, mais par
une théorie complète. Aussi, presque tous les philosophes
qui ont cherché dans la raison le principe de l'obligation,
ont cru devoir joindre à l'exposition de leur doctrine morale
une analyse de cette faculté et de ses principales opérations. J'essaierai à mon tour, non pas de présenter des vues
nouvelles sur un sujet si rebattu, mais de résumer les idées

---

(1) Aristote, *Morale à Nicomaque*, liv. VI, chap. I.

qui semblent dominer aujourd'hui sur le rôle de la raison. Je n'aurai à me prononcer que sur quelques points encore discutés, qu'à écarter quelques voiles qui me paraissent obscurcir des principes incontestables, et j'espère qu'il sortira de cette théorie, clairement exposée, la preuve de l'insuffisance de la raison pour obliger la volonté à la pratique du devoir.

On entend aujourd'hui par le nom de *raison* la faculté que nous possédons de connaître des vérités éternelles, universelles et absolues. La plus grande et la plus illustre des écoles philosophiques, l'école platonicienne, a eu surtout le mérite de mettre en lumière ces idées invariables qui éclairent toute intelligence. Mais Platon lui-même, et quelques-uns des philosophes modernes qui se sont inspirés de sa doctrine, ont singulièrement exagéré la puissance de ces idées et de la faculté qui les conçoit. On discute encore si les idées ne sont pas pour Platon de véritables substances, s'il n'en fait pas des êtres intermédiaires entre Dieu et l'homme. Toutes nos idées, dit Malebranche, subsistent en Dieu même. Mes idées, dit Fénelon, sont quelque chose d'existant et de réel, qui ne peut être que Dieu (1). On pourrait multiplier à l'infini des citations semblables, empruntées aux plus illustres philosophes de la même école. Or, depuis les travaux de l'École écossaise, nos idées ont été dépouillées de cette vie extérieure, de cette réalité positive, qu'on leur avait si étrangement prêtées. Nous ne les regardons plus que comme des actes de l'esprit ou des manières de penser. Au lieu de dire que nos croyances et nos connaissances dérivent du rapprochement et de la comparaison de nos idées, nous disons plutôt avec Reid que nos idées dérivent de l'analyse de nos jugements naturels et primitifs, dont elles sont comme les éléments (2). Il faut partir

---

(1) *Traité de l'existence de Dieu*, 2ᵉ partie, chap. IV.
(2) Reid, *Recherches sur l'entendement humain*, chap. II, sect. IV.

de cette théorie, si l'on veut bien comprendre la nature de la raison.

Lorsqu'un objet fait impression sur moi, je perçois aussitôt, à la suite de la sensation que j'éprouve, l'existence de cet objet ; mais je le connais seulement dans son rapport avec ma sensation, dont il est la cause extérieure. J'ai donc la perception d'une double existence : la mienne et celle d'un objet hors de moi ; mais je ne sens en moi que l'effet produit par cet objet, et, dans cet objet, que la qualité par laquelle il agit sur moi. Cependant, dans la perception de cette modification intérieure et de la cause qui la produit, il y a quelque chose que je connais encore d'une manière plus ou moins vague, mais indubitable : c'est leur caractère fini, c'est leur imperfection ; je les distingue par conséquent des attributs de l'être parfait. « Nous connaissons Dieu, dit un philosophe trop peu connu, comme nous nous connaissons nous-mêmes, par la voie de la perception, la seule manière de connaître immédiatement les choses ; car, dans le sens intime de notre existence, est comprise l'action seule de la cause qui fait que nous sommes.......... Nous avons la perception de notre existence comme contingente et non nécessaire : elle comprend donc le rapport à l'activité d'une volonté qui a pu nous produire ou ne pas nous produire, et ce rapport ne peut être senti qu'autant que Dieu nous est aussi présent que notre être (1). »

Nous avons donc une triple perception : celle de notre propre existence, celle du monde extérieur, et celle de la perfection divine ; mais ces trois perceptions ne se produisent dans notre âme que par suite des rapports qui unissent leurs objets ; elles ne contiennent en réalité qu'une connaissance indivisible, ayant pour objet ces rapports, et

---

(1) L'abbé de Lignac, *Témoignage du sens intime*, tom. II, p. 44.— J'emprunte cette citation à l'excellent article de M. Frank sur l'abbé de Lignac, dans le *Dictionnaire des sciences philosophiques*.

on ne peut les séparer que par une première abstraction. Ne dites pas que je me connais d'abord moi-même quand j'éprouve une sensation, que je connais ensuite la cause de cette sensation, et que j'ai, en troisième lieu, l'idée d'une puissance suprême à laquelle je suis soumis. Si l'impression du froid fait frissonner mon corps, je me connais, par une opération unique de mon esprit, comme affecté par le froid extérieur et comme assujetti à un état de dépendance, qui, en attestant mon imperfection, me distingue de l'être parfait. Ne cherchons pas, par conséquent, un passage pour sortir de la conscience, et pour démontrer hors de nous la réalité du monde matériel et l'existence de Dieu: cette conscience vide, absolument séparée de la perception des objets, n'est qu'une abstraction. L'idée du moi n'est qu'une idée abstraite, si elle ne contient pas la perception des phénomènes qui le modifient, de ses sentiments, de ses pensées, de ses actes volontaires. L'idée de ses modifications est également une idée abstraite, si elle ne renferme pas la connaissance des objets qui les causent, ou auxquels elles s'appliquent. Je n'ai pas conscience d'un jugement en général, mais du jugement que je porte sur tel ou tel fait, sur tel ou tel principe; je ne perçois pas une sensation indéterminée, mais, par exemple, la sensation que fait éprouver à ma main la piqûre d'une aiguille. Enfin, l'idée de moi et celle du monde matériel sont également des abstractions, si on en retranche la perception de leur caractère fini, et par conséquent de leur rapport avec l'infini (1).

Ainsi, dans toute connaissance, on distingue par l'analyse trois perceptions de rapports, ou, si l'on veut, trois

(1) Je renvoie, pour toute cette théorie, à l'article *Intelligence*, de M. Amédée Jacques, dans le *Dictionnaire des sciences philosophiques*. Qu'il me soit permis, à cette occasion, d'offrir à cet éminent professeur, dans son exil volontaire, l'hommage de ma profonde reconnaissance pour les utiles conseils qu'il a daigné me donner autrefois.

jugements, qui sont réellement inséparables. Mais ces trois perceptions n'ont pas toujours le même degré de clarté ; il se fait dans notre intelligence une sorte d'abstraction naturelle, qui s'attache à l'un d'eux et laisse les autres dans l'ombre. Nous nous portons plus spontanément vers les objets extérieurs que vers les modifications de notre âme, et vers ces modifications que vers nos rapports avec Dieu ; mais ce n'en sont pas moins les trois éléments d'une connaissance indivisible.

Si je soumets ces trois perceptions à une nouvelle analyse, je suis conduit à trois idées distinctes : l'idée du *moi*, l'idée d'une chose hors de moi ; l'idée d'un être parfait et nécessaire. L'intelligence prend le nom de *conscience* quand elle produit la première idée ; de *perception extérieure*, quand elle forme la seconde, et de *raison*, quand il s'agit de la troisième.

Le nom de raison n'exprime donc qu'un point de vue abstrait dans l'intelligence, et les idées de la raison, considérées en elles-mêmes, ne sont également que des produits de l'analyse ; nous les faisons sortir par abstraction des jugements qui les contiennent, et qui ne sont eux-mêmes que des éléments particuliers d'une connaissance plus étendue.

Toutes nos idées, quand nous les concevons simplement, sans affirmer l'existence réelle de leurs objets, peuvent être considérées comme des conceptions de la raison, car elles expriment véritablement quelque chose de nécessaire et d'éternel. En effet, quand on conçoit un objet indépendamment de son existence actuelle ou passée, il reste toujours l'idée de sa possibilité. Or, Dieu ne saurait faire qu'une chose cesse d'être possible, sans s'ôter à lui-même le pouvoir de la produire, et, par conséquent, sans diminuer sa toute-puissance, ou plutôt sans se détruire lui-même. Chaque idée, prise en elle-même, exprime donc un rapport universel et immuable entre les choses dont nous concevons la possibilité et le souverain pouvoir, qui peut seul leur donner la réalité ; et par conséquent, il n'est aucune idée qui n'ait pour objet une vérité éternelle (1).

Cette noble propriété, comme dit Bossuet (2), appartient à toutes nos conceptions, quelle qu'en soit l'origine, lorsque nous reconnaissons ce qui en peut être affirmé ou nié d'une manière nécessaire. Aussi, toute idée peut donner lieu à des jugements éternellement vrais : quand toute étendue périrait dans le monde, on n'en devrait pas moins juger que l'étendue a trois dimensions. Ces jugements nécessaires ont leur source dans la raison, quoique les idées auxquelles ils s'appliquent puissent venir de l'expérience. Ils contiennent implicitement l'idée même de Dieu, dont la puissance infinie rend éternellement possibles tous les objets de nos idées, quand même leur existence serait purement contingente. Sans son rapport avec l'idée de Dieu, le principe de contradiction serait lui-même incompréhensible. Pourquoi Dieu ne pourrait-il pas faire qu'une chose soit en même temps elle-même et son contraire ? C'est qu'il contredirait, non-seulement la nature actuelle de cette chose, qui peut n'avoir rien que de contingent, mais l'idée qu'il se fait de sa nature possible, qui fait en quelque sorte partie de lui-même.

Voilà donc une idée commune à tous nos jugements nécessaires, et se joignant à toutes nos conceptions, quand nous faisons abstraction de l'existence de leurs objets : c'est l'idée même du Dieu tout-puissant qui conçoit éternellement toutes les choses possibles, et qui seul les réalise. Nous ne pouvons nous élever au-dessus des propositions variables

---

(1) « Il peut bien se faire qu'il n'y ait aucun homme dans toute la nature ; mais, supposé qu'il y en ait quelqu'un, il ne se peut pas faire qu'il soit autrement, et ainsi la vérité qui correspond à l'idée d'homme n'est point contingente ; elle est éternelle, immuable, toujours subsistante, indépendamment de tout être et entendement créé. » (Bossuet, *Logique,* liv. I, chap. XXXVI.)

(2) Ibid.

et relatives auxquelles nous conduit l'expérience, sans penser aussitôt à quelque chose de Dieu ; nous ne pouvons développer aucune idée sans y trouver l'idée de Dieu, et l'athéisme est pour toutes les sciences le comble de l'inconséquence.

Mais, parmi nos idées, il en est quelques-unes qui s'appliquent directement à des objets nécessaires, absolus, universels : ce sont, à proprement parler, les conceptions pures de la raison, et les jugements qu'elles servent à former sont les vrais principes rationnels. Quand la raison conçoit ces idées et ces principes, c'est encore l'existence de Dieu qu'elle perçoit, ou du moins ce sont quelques-uns des points de vue qu'on peut considérer dans l'être infini.

On s'en convaincra clairement, si on passe en revue quelques-unes des principales idées dont on attribue l'origine à la raison : ou ces idées expriment quelque chose de Dieu, ou nous les devons à l'expérience.

— Qu'est-ce, par exemple, que l'idée de cause ? Elle nous est au moins suggérée par l'expérience intérieure, puisque tout homme se reconnaît comme la véritable cause de ses déterminations volontaires. Je suis même porté à croire qu'en percevant les objets extérieurs, nous voyons directement en eux, sans l'intermédiaire d'aucun principe, les causes de nos sensations. Mais, si l'on veut parler du rapport nécessaire que conçoit toute intelligence entre un phénomène et sa cause, qu'exprime au fond ce rapport ? la contingence même de tout phénomène, c'est-à-dire, sa dépendance à l'égard d'un autre objet qui est nécessaire pour le produire. Or, comment conçoit-on la dépendance, si l'on ne se fait pas l'idée d'une existence indépendante et absolue ? Ainsi, quand nous nous représentons des causes particulières, nous nous servons d'une idée que l'expérience nous a donnée ; quand nous appliquons le principe de causalité, *tout ce qui commence d'être a une cause*, nous nous faisons l'idée d'un être absolu ; nous reconnaissons quelque chose de Dieu.

Mais, si l'idée de cause appartient par certains côtés à la raison, il n'en est pas ainsi de l'idée de substance à laquelle on attribue souvent la même origine. On a imaginé un principe des substances, qui fait le pendant du principe de causalité, et qu'on énonce ainsi : *Il n'y a point d'accident sans substance.* On oublie que les idées d'accident et de substance ne sont au fond que des abstractions, et que toute réalité réunit leur double objet d'une manière indivisible. On peut concevoir une cause et l'effet qu'elle produit comme des objets distincts, qui sont perçus l'un sans l'autre ; mais les qualités ne se manifestent que dans le sujet où elles résident. Dès que l'esprit les en sépare, et qu'il conçoit l'étendue en dehors de la matière, l'intelligence en dehors de l'être pensant, il ne s'en forme que des idées abstraites. Quant à la substance elle-même, si on en retranche toute modification, elle n'a pas plus de réalité que de simples modifications séparées de leur substance. Demander à la raison, à défaut de l'expérience, l'idée pure de la matière ou de l'âme, indépendamment des qualités qui les modifient, c'est, dit Leibnitz, «demander l'impossible, et contrevenir à sa propre supposition, qu'on a faite en faisant abstraction et concevant séparément le sujet et ses qualités ou accidents (1). » L'emploi du principe des substances ne sert donc qu'à réunir ce qu'a séparé l'analyse; il ne nous donne aucune idée nouvelle. Supposer que l'expérience perçoit les qualités, et la raison, leur sujet, est aussi peu raisonnable que si l'on réservait à la raison la connaissance des vallées, en ne laissant aux sens que celle des montagnes, sous prétexte que l'existence des premières nous est révélée par ce principe : *Il n'y a point de montagne sans vallée.*

Si l'idée de substance était une conception de la raison, il faudrait admettre, ou que Dieu seul est une substance,

(1) *Nouveaux essais*, liv. II, chap. XXIII, § 2.

et tomber ainsi dans toutes les extravagances du Spino-
sisme, ou que la raison peut concevoir quelque chose de
nécessaire, qui, cependant, n'est point en Dieu. On échappe
à cette alternative en ne reconnaissant dans l'idée pure de
substance que le produit abstrait d'une notion expérimen-
tale.

J'en dirai autant des idées d'espace et de temps, qui
conduiraient aux mêmes conséquences, si on en cherchait
l'origine dans la raison. L'espace n'est que l'étendue abstraite; le temps, que la durée abstraite. Si l'espace et le
temps nous apparaissent comme indéfinis, c'est qu'en faisant abstraction des objets particuliers, on ne considère
plus que l'étendue et la durée possibles, qui ne sauraient
avoir de bornes, car ce serait en assigner à la puissance de
Dieu, et qui se prêtent par conséquent à toutes les combinaisons imaginables de formes et de mouvements. Ce qui
est éternel, ce qui est un objet de la raison, c'est la possibilité indéfinie des choses : tous les jugements nécessaires
que nous portons sur l'espace et le temps ne font qu'exprimer cette possibilité. Il n'y a donc pas lieu, ou de placer
en Dieu l'espace et le temps, comme l'a fait Clarke, ou d'attribuer à la raison un autre objet que la perfection divine (1).

Il n'y a donc pour la raison qu'une seule idée, celle de
Dieu. Cette idée se manifeste à nous sous des points de
vue divers; elle n'apparaît pas toujours dans toute sa pureté ; il faut la dégager des rapports qui la contiennent, et
qui, seuls, sont l'objet direct des actes de l'esprit; mais on
n'en peut trouver aucune autre au fond de toute proposition nécessaire (2). Aussi, c'est une prétention chimérique,

---

(1) Voir sur cette question, qui divise encore les philosophes, outre
la polémique de Leibnitz et de Clarke, la savante discussion de M. Jules
Simon, *Le Devoir*, 3e part., chap. II.

(2) Voir la belle leçon de M. Cousin : *Dieu, principe des vérités nécessaires*, où sont cités les principaux passages des philosophes qui ont
soutenu la même doctrine. — Voir aussi *Le Devoir*, par M. Jules Simon, 3e part., chap. II.

que de vouloir réduire à quelques catégories les notions rationnelles. Si l'on considère l'objet auquel s'appliquent ces notions, il n'y a qu'une catégorie ; si l'on entend les points de vue que l'on distingue dans cet objet, ils ne sont pas moins variés que nos propres pensées.

On peut comparer l'idée de Dieu, suivant une belle allégorie de Platon, à la lumière du soleil, qui se diversifie à l'infini dans tous les objets qu'elle éclaire, et qui se manifeste dans toute la nature par toutes les combinaisons des ombres et des couleurs, lors même qu'on ne lève pas les yeux vers le foyer d'où elle émane.

§ 2. L'OBLIGATION MORALE EST-ELLE UN COMMANDEMENT DE LA RAISON ?

On connaît maintenant la fonction de la raison, le caractère de ses jugements, la nature de son objet. On peut donc examiner si elle a par elle-même le pouvoir de nous obliger, d'exercer sur nos actions une influence déterminante ; si elle peut acquérir, pour employer les termes de Kant, une autorité pratique. Il y aura ensuite à rechercher si elle peut au moins nous donner l'idée de l'obligation et nous révéler directement nos devoirs.

Il y a sans doute des principes de morale qui subsistent en Dieu même, et qui, par conséquent, sont connus par la raison. Rappelons-nous, en effet, les vérités fondamentales que les analyses et les déductions de Kant ont mises à l'abri de toute discussion. Quand nous accomplissons un acte moral, nous n'avons en vue que cet acte lui-même, sans nous laisser dominer par la pensée de ses conséquences, ou du but auquel il peut nous conduire. Nous suivons donc une loi absolue, qu'aucune circonstance ne saurait modifier, et qui est la même pour tous les êtres raisonnables. Dieu observe cette loi aussi bien que l'homme ; mais elle ne lui est point imposée ; elle n'apporte aucune entrave à sa liberté : en effet, suivre cette loi, c'est échapper à l'influence de tous les objets extérieurs, c'est trouver en soi-même sa propre fin, c'est jouir, en un mot, d'une liberté parfaite, que Dieu seul possède constamment. La loi morale exprime donc quelque chose de Dieu. Il en est de même du bien, dont la réalisation est l'objet de la morale : la perfection divine nous offre le type du bien suprême, dont tous les biens particuliers ne sont qu'une imitation.

Or, si la loi morale et le bien sont compris dans la nature divine, il est évident que la raison seule peut les connaître. Toutes nos actions, si elles sont bonnes, si elles ne blessent pas la loi suprême, doivent donc être conformes à la raison, et nous pouvons, comme l'a fait Kant, demander à la raison des formules universelles, pour discerner le bien du mal et les actions vraiment morales de celles qui sont indifférentes ou coupables.

Mais il ne s'agit pas de chercher si les principes de la raison doivent toujours servir de règle à nos déterminations volontaires. Toutes les actions raisonnables ne sont pas obligatoires. On fait souvent plus que son devoir, quand on fait le bien, quand on se conforme à cette loi absolue que conçoit la raison humaine, et que Dieu seul observe parfaitement. Enfin, quand nous sommes obligés d'obéir à la loi morale, elle nous apparaît comme un commandement, comme un ordre inviolable, et non plus simplement comme l'expression d'une vérité nécessaire. Quand je songe à l'héroïsme de d'Assas, ou aux vertus de saint Vincent de Paule, je me dis qu'il serait beau, dans tous les temps, dans tous les lieux, d'avoir une telle mort ou de mener une telle vie. Je porte un jugement semblable sur l'accomplissement du moindre devoir; je le conçois comme un acte essentiellement bon; mais il se joint à ce jugement une croyance nouvelle : je suis convaincu que je dois faire cet acte, qu'une obligation rigoureuse l'impose à ma volonté, et que je ne puis y manquer sans crime.

Si la raison nous donne l'idée du bien, si elle nous fait

connaître des principes absolus, quel est son rôle légitime, par rapport à ces actes nécessaires que nous appelons des devoirs, et que nous nous croyons obligés d'accomplir? Nous sont-ils commandés par elle, et, quand elle discerne le bien du mal, comme la vérité de l'erreur, joint-elle à cette distinction l'ordre de fuir le mal et de pratiquer le bien? Ou, si on ne lui attribue que la connaissance de l'obligation, comment distinguera-t-elle, parmi les principes qu'elle nous révèle et les bonnes actions qui sont conformes à ces principes, ce qui est vraiment un devoir? Voilà les seules questions que nous ayons à examiner.

La plupart des moralistes, qui prétendent que la raison commande à la volonté et lui impose des devoirs, voient dans cette faculté de l'homme une lumière vraiment divine, qui n'a rien d'humain ni de personnel. Ils en font un maître intérieur qui règne à la fois dans toutes les âmes, qui assujettit à ses lois toutes nos actions aussi bien que toutes nos pensées, et dont nos supérieurs terrestres, suivant l'expression de Malebranche, ne sont que les vicaires (1). Ils identifient, en un mot, la raison divine et la raison humaine, ou du moins ils supposent un commerce intime et une sorte de communication entre l'esprit de l'homme et l'intelligence de Dieu. Il semble, en effet, impossible que la raison ait une autorité souveraine sur les actions de l'homme, si elle n'est qu'un des attributs de la nature humaine. Aussi, quand Barbeyrac veut réfuter la doctrine de Leibnitz, qui donne pour principe au droit naturel la lumière éternelle de la raison, allumée par Dieu dans nos âmes, il établit d'abord que notre raison n'est, au fond, que nous-mêmes, qu'elle fait partie de notre âme, dont elle a toutes les imperfections, et que lorsqu'on lui prête le pouvoir de nous obliger, on suppose par là que nous nous obligeons nous-mêmes (2).

_____

(1) *Traité de morale.*
(2) *Examen du jugement d'un anonyme,* § 15.

La raison, en effet, n'est que l'intelligence humaine, lorsqu'elle perçoit des vérités nécessaires, ou plutôt lorsqu'elle connaît Dieu. Cette faculté ne se sépare pas des autres formes de l'intelligence : car nous n'apercevons l'existence de Dieu que dans ses rapports avec nous-mêmes ou avec les autres êtres ; la perception de ces rapports exige donc, non-seulement la raison, mais la conscience et les sens ; en un mot, l'entendement tout entier. Distinguer la raison des autres facultés, c'est un commencement d'abstraction ; la supposer impersonnelle, quand on refuse ce privilége au reste de l'intelligence, c'est mutiler un tout indivisible.

Sur quoi se fondera-t-on, d'ailleurs, pour élever la raison au-dessus des autres facultés de l'esprit ? Elle perçoit des vérités nécessaires, absolues, universelles ; mais elle ne fait pas ces vérités, et on n'a aucun motif de lui attribuer les mêmes caractères. Le fini ne peut, dit-on, connaître l'infini : on disait aussi autrefois que l'esprit ne pouvait connaître la matière, et on avait imaginé je ne sais combien d'hypothèses, pour expliquer nos idées physiques. Pour être conséquent, il faut aller jusqu'à soutenir qu'un être fini ne peut se connaître lui-même : car, comment saura-t-il qu'il est imparfait, s'il ne peut se faire une idée d'une nature parfaite? Il n'y a donc pas de milieu : si une intelligence personnelle n'a pas le pouvoir de connaître les autres êtres et de s'élever jusqu'à Dieu, elle n'est capable d'aucune idée, elle est impossible comme intelligence.

On se fonde sur le caractère universel et nécessaire des idées de la raison, pour attribuer les mêmes propriétés à la faculté qui les forme. C'est toujours la même confusion entre les actes de l'esprit et les objets auxquels ils s'appliquent. Une idée est nécessaire, quand son objet est nécessaire, de même qu'elle est contingente quand elle représente un objet contingent. L'intelligence est toujours la même, mais ses actes dépendent des choses auxquelles ils se rapportent, ils sont déterminés par elles, et participent de leurs caractères. Pourquoi certaines idées se trouvent-elles dans toutes les intelligences ? C'est que leur objet est présent à toutes les intelligences ; cela prouve l'immensité de l'objet, non celle de l'esprit qui le connaît.

Aussi, ne trouverons-nous jamais, dans nos idées les plus universelles et les plus nécessaires, la perfection qui doit appartenir aux connaissances divines. Dieu voit toutes les choses dans leur ensemble avec une entière clarté : nous sommes obligés de les morceler pour les connaître ; notre raison ne met en lumière les idées qui lui sont propres, qu'en les dégageant avec effort des rapports qui les impliquent ; elle ne peut se passer de l'abstraction, qui est inutile à Dieu. Si elle s'élève jusqu'à Dieu, le voit-elle dans toute sa majesté ? Elle est obligée de le morceler lui-même ; il ne se manifeste à elle qu'au milieu de rapports particuliers, et, quand ces rapports la conduisent, par une analyse savante, à des conceptions nécessaires, il faut un dernier effort, qu'elle ne fait pas toujours, pour qu'elle s'élève jusqu'à leur objet, et qu'elle les rapporte à Dieu seul.

Mais elle est infaillible, dit Malebranche : « C'est une impiété que de dire que cette raison universelle, à laquelle tous les hommes participent, et par laquelle seule ils sont raisonnables, soit sujette à l'erreur, ou capable de nous tromper (1). » Sans doute, à certains égards, la raison est infaillible, mais ce privilége appartient aussi aux autres facultés de l'intelligence. Il s'applique, en effet, à toutes nos idées claires, suivant la théorie des philosophes cartésiens : toute perception évidente, quelle qu'en soit l'origine, a nécessairement une certitude infaillible.

En considérant cette certitude, qui est le propre de l'intelligence, on peut dire, dans un sens, que toutes les facultés de l'esprit sont impersonnelles. Mais pourquoi ? C'est qu'elles connaissent les choses telles qu'elles sont, quand

---

(1) *Deuxième éclaircissement à la recherche de la vérité.*

elles les connaissent avec évidence. Or, la réalité ne dépend pas des personnes; elle est la même pour tous, la
même pour l'entendement divin que pour l'esprit de
l'homme. Ce qui est impersonnel, c'est donc la vérité,
c'est l'évidence qui la caractérise. Quant aux idées elles-
mêmes et à toutes les opérations de l'intelligence, elles
participent de notre nature, elles sont imparfaites comme
nous, et, quelle que soit leur clarté, c'est une prétention
impie que de les assimiler aux connaissances divines. Dieu,
répétons-le sans cesse, voit tout en même temps, sans rien
d'obscur ni de douteux; il n'a besoin ni d'analyse, ni
d'abstraction, ni de raisonnement, ni de toutes ces
opérations successives, qui nous conduisent à la clarté
par la route la plus pénible. Pour nous, dans nos idées les
plus claires, nous ne voyons les choses que par un côté,
tout le reste nous échappe, l'obscurité se mêle sans cesse
à l'évidence.

Les conceptions de la raison sont ordinairement plus
claires que les autres; le doute et l'erreur semblent étrangers à ses principes, et, sous ce rapport, on peut l'élever
au-dessus du reste de l'intelligence. Cela tient principale-
ment à la nature de son objet, toujours présent à nos âmes
dans tous les temps, dans tous les lieux, au fond de toutes nos pensées. Mais faut-il voir dans ces principes l'intelligence même de Dieu, en communication directe avec nos
âmes? Malgré les efforts de Malebranche et de quelques philosophes contemporains, je crains bien que ce ne soit la
prétention la plus chimérique, sinon la plus orgueilleuse.
Ces idées et ces principes, qui éclairent tous les hommes,
par lesquels, suivant Bossuet, tout entendement est réglé,
nous révèlent, en effet, quelque chose de Dieu; leur objet est divin; mais ce sont par eux-mêmes des conceptions
purement abstraites, qui perdent souvent leur clarté, dès
qu'il s'agit de les appliquer, dès qu'ils s'unissent dans notre pensée à des objets particuliers. Pour retrouver la lumière, il faut repousser loin de notre esprit tout objet par-

ticulier ; mais, que reste-t-il alors? des principes sans vie,
qui sont sans doute conformes à l'éternelle vérité, mais qui,
sous cette forme vide, ne sauraient se retrouver dans la divine intelligence. Pense-t-on, en effet, que Dieu se serve
jamais, du moins sous leur forme abstraite, du principe de
causalité, de celui des causes finales ou des axiomes de la
géométrie? Il se connaît lui-même, dans sa nature infinie
et dans ses rapports universels avec ses créatures finies ; il
connaît ainsi, d'un seul et même regard, tout ce qui fait le
fond de nos différentes idées, tout ce que nous décompo-
sons dans nos conceptions analytiques. Ces axiomes de la
raison, que nous prétendons dépouiller de tout caractère
humain et imparfait, sont à la fois une preuve de notre
grandeur et de notre faiblesse : de notre grandeur, puisqu'ils nous font contempler quelque chose d'éternel; de
notre faiblesse, puisqu'ils ne nous montrent en quelque
sorte l'être éternel que par morceaux, dans la multiplicité
de ses rapports avec les objets de nos connaissances.

La raison ne peut se passer de principes et de formules.
C'est une nécessité qui ne nuit pas ordinairement à son
usage théorique. Nous pouvons, en effet, quand il ne s'agit
que de science, restreindre autant que nous le voulons
les objets de nos études, pour les soumettre à nos formules ; nous n'avons pas besoin de connaître tout, mais d'arriver aux connaissances les plus claires et les plus précises.
Mais il en est autrement quand il s'agit de la pratique. Nous
trouvons là, en effet, les objets les plus compliqués, les
nuances les plus délicates, une infinie variété de circonstances, de motifs et d'actions, qui nous imposent à chaque instant la nécessité de les apprécier et de faire un
choix. Nous ne pouvons plus ici, comme pour les sciences
théoriques, nous renfermer à notre aise dans une petite
branche de connaissances : il faut sur-le-champ une décision, quand nous avons des devoirs à remplir. Quand
nous étudions les sciences, bornons, si nous le voulons,
l'usage de notre raison à la solution de quelque problème,

d'un point d'histoire douteux, d'une question obscure de chimie ou de physique ; mais, quand il faut agir en hommes, il y a une science que nous devons savoir tout entière, c'est la morale; quelque problème qu'elle nous présente, il faut aussitôt le résoudre. Que deviennent alors ces formules abstraites, dans lesquelles se complaît la raison? Que fera-t-elle de ses principes généraux, de ses divisions minutieuses, qui font sa force et sa clarté?

« Pourquoi prendrais-je plutôt à diviser ma morale en quatre qu'en six? Pourquoi établirai-je plutôt la vertu en quatre, en deux, en un? Pourquoi en *abstine et sustine*, plutôt qu'en *suivre nature* ou *faire ses affaires particulières*, comme Platon, ou autre chose? Mais voilà, direz-vous, tout renfermé en un mot. Oui, mais cela est inutile, si on ne l'explique; et, dès qu'on vient à l'expliquer, dès qu'on ouvre ce précepte qui contient tous les autres, ils en sortent en la première confusion que vous vouliez éviter. Ainsi, quand ils sont tous renfermés en un, ils y sont cachés et inutiles, comme en un coffre, et ne paraissent jamais qu'en leur confusion naturelle. La nature les a tous établis, sans renfermer l'un dans l'autre (1). »

La raison humaine, ce maître intérieur qu'on prétend identifier avec l'intelligence divine, a donc précisément le genre d'imperfection qui nuit le plus à l'efficacité des préceptes moraux. Elle vit de distinctions et d'analyses, qui sont les instruments les plus propres pour nous conduire à la certitude dans nos recherches théoriques, mais qui ne peuvent être qu'un obstacle, quand nous avons besoin de solutions franches, complètes et immédiates sur nos devoirs de chaque jour.

C'est ce qui explique les attaques passionnées dont la raison a été l'objet, et la préférence que tant d'esprits généreux semblent accorder à la sensibilité, pour diriger

(1) Pascal, *Pensées*, édition Havet, p. 83.

notre conduite. La sensibilité, réduite à elle-même, nous entraîne en aveugles; elle est soumise à toutes les variations des tempéraments et des humeurs; mais elle ne se nourrit pas, comme la raison, de généralités et d'abstractions; elle va droit à son objet, qu'elle recherche ou qu'elle repousse tout entier. Nos affections ont d'autant plus de force qu'elles peuvent s'étendre davantage : l'amour s'épuise et s'éteint dès qu'on le resserre ou qu'on le concentre. Aussi, les sentiments égoïstes ont pour effet de dessécher l'âme et de tarir les sources de la sensibilité. La raison, au contraire, a besoin de précision; elle n'arrive à la clarté qu'en bornant sans cesse son domaine; pour l'empêcher de se rétrécir, il faut que le cœur la rappelle constamment à des pensées plus vastes et plus dignes d'elle, et c'est ainsi qu'il devient la source des plus grandes conceptions.

Est-ce à dire qu'il faille attribuer à la sensibilité le privilége de nous obliger? Ce serait prendre un maître encore plus imparfait, encore plus personnel que la raison elle-même. Mais, si le cœur, malgré ses défauts, l'emporte quelquefois sur l'esprit, comment trouver dans la raison cette faculté souveraine, qui doit nous commander, nous imposer des lois obligatoires? Notre raison, c'est nous-mêmes, comme le dit très-bien Barbeyrac; elle parvient quelquefois à des notions impersonnelles, quand elle aperçoit l'évidence, quand elle atteint la vérité; mais, dans ses opérations, dans sa manière de connaître, elle ne se sépare pas de notre personne, elle est comme nous faible et imparfaite.

D'où vient, au fond, cette théorie de la raison impersonnelle? C'est la crainte seule du scepticisme qui lui a donné naissance. Quel est, en effet, le grand argument des adversaires de la raison? C'est que l'intelligence humaine n'a pas le droit d'affirmer des vérités universelles, puisqu'elle n'est elle-même qu'une propriété particulière d'un être contingent et fini. Mais les sceptiques valent-ils la peine qu'on se livre avec eux à de longues discussions, qu'on imagine, pour les réfuter, de laborieuses théories? S'ils n'en veulent qu'à la raison pure, on peut leur montrer que cette faculté ne se sépare pas de la conscience et des sens ; que nous ne connaissons ni notre existence, ni celle d'aucune autre créature, sans en apercevoir les bornes, et sans nous faire, par conséquent, l'idée nécessaire d'un être infini. On peut aussi leur faire comprendre que l'évidence est toujours la même, quelque faculté qui la reconnaisse, et qu'elle dépend de la nature des choses, et non de celle de notre esprit. Mais, s'ils refusent d'admettre qu'une faculté personnelle puisse être éclairée par une évidence absolue, ils rejetteront à la fois tous nos moyens de connaître, qui sont également personnels. C'est donc l'entendement tout entier, c'est toute espèce de certitude qu'il faudra défendre contre les sceptiques. Or, ce problème de la certitude, qu'on agite depuis tant de siècles, a-t-il un sens véritable? Est-il susceptible d'une solution? La certitude est un fait qu'il faut admettre ou repousser, mais qu'on ne démontre pas. Toute démonstration suppose, en effet, un ou plusieurs principes sur lesquels on est d'accord. Or, sur quoi peut-on s'accorder, quand toute certitude est mise en question? Où trouver des principes, si l'on n'est certain de rien? Il faut évidemment, ou tourner dans un cercle, ou renoncer franchement à une démonstration impuissante. « Quiconque pose sérieusement cette difficulté, et ne la méprise pas après l'avoir posée, est un sceptique. Quiconque la discute, et croit la résoudre, est un sophiste (1). »

D'où vient, d'ailleurs, que tant de sceptiques reprochent à la raison son caractère personnel, sans étendre le même reproche à la conscience et aux sens? C'est qu'on a voulu faire de la raison un maître, un souverain, donnant des ordres et dictant des lois, au lieu de la renfermer dans son rôle intellectuel. Ce sont ces prétentions de la raison, qui

---

(1) M. Jules Simon, *le Devoir*, 3e partie, chap. I.

ont soulevé contre elle, non-seulement le scepticisme philosophique, mais le scepticisme théologique, et qui l'ont souvent rendue suspecte aux puissances humaines. On rirait d'un homme qui douterait si le soleil existe, sous prétexte qu'en recevant ses rayons, il ne ressent qu'une impression personnelle; et, quand il s'agit du bien et du mal, n'est-ce pas ce même caractère personnel qu'on allègue sérieusement contre la certitude de nos connaissances? D'où viennent ces contradictions, si ce n'est d'une réaction naturelle, qui punit la raison de ses prétentions ambitieuses, en lui refusant tout crédit dans ses applications les plus légitimes? On fera taire ces objections, non en exagérant encore le rôle de la raison, mais en la renfermant dans ses véritables limites, en ne lui attribuant que l'appréciation de nos actions et de leurs motifs, et non un souverain pouvoir, pour nous réduire à l'obéissance. « Le principe et l'occasion de la chute de l'homme, dit Bacon, n'a pas été cette science pure et sans tache, à la lumière de laquelle Adam imposa aux choses leurs noms tirés de leurs propriétés; mais ce fut le désir ambitieux de cette science *impérative*, qui se fait juge du bien et du mal, et cela en vue de se révolter contre Dieu, et de *s'imposer des lois à soi-même* (1). »

Il est un dernier argument auquel ne saurait résister la théorie de la raison impersonnelle. Si notre raison ne fait pas partie de nous-mêmes, s'il faut voir en elle l'intelligence divine se communiquant à nos âmes, nous avons au moins le pouvoir de connaître cette pure lumière, qui se manifeste à nous; nous avons donc un entendement personnel qui reçoit l'impression de la raison éternelle, comme notre œil reçoit l'impression des rayons du soleil. Soit que notre esprit aperçoive directement la vérité, comme le veut le sens commun, soit qu'il ne voie toutes choses, comme

_____

(1) Préface de l'*Instauraiio*, § 17.

le prétend Malebranche, que dans l'intelligence divine, à laquelle il est uni, il n'est toujours que notre esprit, il fait partie de notre personne, et les objections qu'on voulait détruire, reparaissent dans toute leur force.

Aussi, pour sauver l'obligation morale, pour lui rendre l'autorité qu'elle ne saurait trouver dans une faculté personnelle, on en place souvent l'origine, non pas dans la raison humaine qu'on laisse à ses imperfections, mais dans la raison divine, qui éclaire directement toutes les intelligences. C'est précisément la théorie que Leibnitz oppose à celle de Pufendorf. « Il faut chercher, dit-il, d'autres principes du droit, non-seulement dans la volonté de Dieu, mais dans son intelligence ; non dans sa puissance, mais dans sa sagesse (1). On concilie tout, si, par le commandement du créateur, on entend le commandement de la raison suprême...... Dieu est sans contredit l'auteur du droit, non par sa volonté, mais par son essence, de la même manière qu'il est l'auteur de la vérité......... (2). La cause efficiente du droit est la lumière éternelle que Dieu a allumée dans nos esprits (3). »

Réduites à ces termes, les prétentions de la raison ne sont pas encore à l'abri des objections de Barbeyrac, et son bon sens a entrevu le côté vulnérable de cette doctrine. La raison, en effet, soit en nous, soit en Dieu, n'est pas autre chose que la faculté de connaître ; ses principes ne sont que des connaissances ; ils n'ont rapport qu'à ce qui existe ; ils n'impliquent point un commandement imposé à la volonté, une contrainte morale exercée sur les passions. « Qu'il y ait ou non tel ou tel rapport d'égalité ou de proportion, de convenance ou de disconvenance, cela seul ne nous engage qu'à reconnaître ce rapport ; il faut quel-

---

(1) *Observationes de principio juris*, édition Dutens, tom. IV, p. 272.
(2) Ibid., p. 273.
(1) *Monita ad Pufendorfii principia*, ibid., p. 282.

que chose de plus pour gêner notre liberté, pour nous assujettir à régler nos actions d'une certaine manière (1). »

Quand l'intelligence comprend une proposition de géométrie, elle n'impose pas à la volonté la nécessité morale de se conformer à cette proposition ; mais quand elle conçoit le juste et l'injuste, il se joint à ces idées celle d'une obligation, qui nous ordonne de pratiquer l'un et de repousser l'autre avec horreur. La raison, dans les deux cas, agit pourtant de la même manière ; elle se forme également des notions universelles et absolues. Pourquoi, dans l'un, commanderait-elle, quand elle se borne dans l'autre à connaître ?

« Dans tous les systèmes de morale, dit Hume, dont le scepticisme est inspiré cette fois par le bon sens, j'ai toujours remarqué que, pendant quelque temps, l'auteur procède selon la voie ordinaire du raisonnement, et parle de Dieu et des affaires humaines en se servant de la formule *est* ou *n'est pas* ; puis, que tout à coup on est surpris de voir qu'il substitue à ces mots, qui sont le lien ordinaire de la proposition, ces autres mots *doit* et *ne doit pas*. Ce changement presque imperceptible est cependant de la dernière importance. Comme ces derniers mots expriment nécessairement quelque nouveau rapport, quelque nouvelle affirmation, ils devraient être accompagnés d'observations et d'explications, et il serait bon de montrer par quel procédé tout à fait inconcevable ce nouveau rapport est déduit d'autres rapports entièrement différents (2). »

Hume veut tirer de là une conclusion sceptique ; il veut prouver qu'aucune idée morale n'est exclusivement fondée sur les rapports des objets, ni perçue par la raison. La conclusion dépasse les prémisses, qui me semblent incontestables. La raison perçoit ce qui est ; elle reconnaît les dis-

---

(1) Barbeyrac, *Examen du jugement d'un anonyme*, § 15.
(2) *Traité de la nature humaine*, 3e part., cité par Reid, *Essais sur les facultés actives*, Essai V, chap. VII.

tinctions morales, parce que ces distinctions existent réellement ; elle pourrait même, à la rigueur, apercevoir des règles obligatoires ; mais elle ne les crée pas ; elle ne les prescrit pas elle-même ; elle n'a aucun pouvoir pour astreindre la volonté à les suivre ; sa puissance naturelle, que Hume voudrait en vain renverser, ne va qu'à distinguer le vrai du faux ; il faut une autre autorité pour diriger notre conduite, et pour exercer sur nos âmes un véritable empire. Résister à la raison, c'est de l'erreur ou de la folie ; résister au devoir, à l'autorité qui nous oblige, c'est une révolte et un crime.

« La raison nous commande bien plus impérieusement qu'un maître, dit Pascal avec ironie : car, en désobéissant à l'un, on est malheureux, et en désobéissant à l'autre, on est un sot (1). »

Il ne faut pas prendre au sérieux les invectives de Pascal contre l'usage moral de la raison, contre l'idée du droit, qui varie d'un peuple à l'autre ; mais ces attaques passionnées ne sont pas toujours injustes. Pascal sent vivement l'insuffisance de la raison pour donner des ordres à la volonté, et la nécessité d'une force qui soit capable de nous soumettre à ses lois. De là ces parallèles, dans lesquels il se complaît, entre la justice et la force ; de là ces pensées malsaines, si je puis ainsi m'exprimer, qui triomphent de voir la première sacrifiée à la seconde ; de là aussi ces aperçus profonds sur la nécessité d'unir ces deux puissances dans la direction pratique de notre vie : « Il est juste que ce qui est juste soit suivi ; il est nécessaire que ce qui est le plus fort soit suivi. La justice sans la force est impuissante ; la force sans la justice est tyrannique..... Il faut donc mettre ensemble la justice et la force, et, pour cela, faire que ce qui est juste soit fort, et que ce qui est fort soit juste (2). »

---

(1) *Pensées,* édit. Havet, p. 73.
(2) Ibid., p. 75.

Mais, quand l'esprit est convaincu de la nécessité d'un acte moral, pourquoi cette conviction ne serait-elle pas assez puissante pour déterminer la volonté? Juger qu'une chose est nécessaire, c'est affirmer qu'elle existe, ou qu'elle existera tôt ou tard, si elle dépend de la nature physique soumise à des lois fatales ; et que nous sommes nous-mêmes obligés de la faire, si elle dépend de notre volonté libre. Que faut-il de plus pour que l'obligation se produise? C'est donc un jugement absolu de la raison, se joignant au sentiment intérieur que chaque homme a de sa liberté, qui est la source de l'obligation morale.

Pour apprécier la valeur de cette objection, définissons avant tout ce qu'on entend par un acte nécessaire. Le nom de nécessité a plusieurs sens dans la langue, mais tous ne s'appliquent pas aux devoirs des hommes. Dieu existe nécessairement, car il ne pourrait pas ne pas être : cette nécessité absolue, qui est le propre de son existence, ne peut appartenir aux actions humaines, que chacun accomplit librement.—Il est nécessaire d'éviter tout excès, si l'on veut être heureux : c'est une nécessité relative, subordonnée à un but, et par conséquent étrangère à la moralité ; car, pour observer la loi morale, il faut considérer chaque action en elle-même, indépendamment de ses résultats.—Quand on a reçu un dépôt, on est nécessairement obligé de le rendre : c'est une nécessité morale, qui n'est pas autre chose que l'obligation elle-même ; affirmer cette nécessité, ce n'est pas donner naissance à l'obligation, mais seulement la connaître. — Enfin, aucun objet ne peut exister sans posséder nécessairement certains caractères essentiels : s'il y a des cercles, tous leurs rayons sont égaux ; si un homme manque à son devoir, il mérite un châtiment : c'est ce genre de nécessité qu'on regarde ordinairement comme le principe de l'obligation. Celui qui juge qu'un acte est nécessairement mauvais, est obligé, dit-on, par son jugement même, de s'abstenir de cet acte. Mais quoi? Quand je déclare qu'une chose est bonne ou mauvaise, juste ou injuste, conforme ou contraire à l'ordre, j'énonce une vérité qui peut être vraie pour toutes les intelligences, pour la raison de Dieu comme pour la mienne ; mais l'expression d'une vérité n'est pas un ordre, un commandement, une loi imposée à la volonté : j'affirme ce qui est, mais non ce qui doit être. Qui expliquera comment une proposition qu'il est impossible de nier, devient en même temps une règle pratique qu'on est moralement obligé de suivre ? Dira-t-on que Dieu, connaissant les caractères nécessaires des actions humaines, nous impose l'obligation d'accomplir les unes et d'éviter les autres ? ou bien que l'homme, puisant dans la raison divine la même connaissance, s'oblige lui-même à fuir le mal et à faire le bien ? C'est alors la volonté de Dieu ou celle de l'homme, ce n'est plus la raison qui est la source de l'obligation. Enfin, supposera-t-on qu'en se représentant certaines actions, la raison reconnaît qu'elles sont obligatoires ? On ne lui laisse plus, dès lors, que la connaissance de l'obligation : elle cesse d'en être le principe.

§ 3. LA RAISON PEUT-ELLE CONNAITRE L'OBLIGATION MORALE ?

On fait souvent dériver l'obligation, sinon de la raison de l'homme ou de celle de Dieu, du moins des vérités éternelles que l'une et l'autre aperçoivent, et qui sont contenues dans la nature divine. Peut-être, au fond, ne veut-on pas dire autre chose, quand on commande à l'homme d'obéir à la raison : car on confond presque toujours la raison et la vérité, et rien n'a plus contribué que cette confusion à fausser les idées de quelques philosophes sur la nature de notre raison, à laquelle ils ont prêté une existence impersonnelle, qui n'appartient qu'à la vérité. C'est, du reste, sous cette dernière forme que Leibnitz présente le plus souvent sa doctrine, quand il assigne pour origine à l'obligation morale « certaines règles d'égalité et de proportion qui ne sont pas moins fondées dans la nature immuable des choses et dans les idées de l'entendement divin que les principes de l'arithmétique et de la géométrie (1). » Ces règles ne sont pas la raison, mais la raison les conçoit, et si on lui refuse le droit de nous commander, elle conserverait du moins celui d'apercevoir et de nous révéler les lois obligatoires auxquelles nous sommes soumis.

Barbeyrac n'a pas plus épargné la doctrine Leibnitienne sous ce dernier point de vue que sous les précédents, et je puis encore m'appuyer sur son ingénieuse réfutation en y joignant des développements nouveaux. Les vérités conçues par la raison, dont on veut faire le principe de l'obligation, sont quelque chose de Dieu, comme dit Bossuet, ou plutôt sont Dieu même (2). Si l'existence de l'obligation est une vérité perçue par la raison, il faut qu'elle subsiste éternellement en Dieu, soit dans sa nature absolue, soit dans ses rapports avec le monde. « La question est maintenant de voir d'où vient l'obligation : si c'est de la volonté de Dieu, ou de quelque chose qui soit en lui (3). »

Barbeyrac prouve sans peine que, si l'on a une juste idée de Dieu, on lui reconnaît le droit de mettre des bornes à nos facultés en nous imposant des obligations, et qu'on ne peut s'empêcher de penser qu'il veut nécessairement nous soumettre à ses lois. « La volonté de Dieu a d'ailleurs tout ce qu'il faut pour fonder l'obligation, puisque c'est la volonté du maître commun de tous les hommes, et une volonté toujours d'accord avec toutes les perfections de sa nature divine (4). Concluons donc que, si la raison aperçoit l'obligation comme une vérité universelle, c'est dans la volonté de Dieu qu'elle doit en trouver l'origine.

J'ajouterai qu'on ne peut l'attribuer à aucune autre chose

---

(1) *Monita ad Pufendorfii principia.* § 4.
(2) *Connaissance de Dieu et de soi-même,* chap. IV, § 5.
(3) Barbeyrac, *Examen du jugement d'un anonyme,* § 15.
(4) Ibid.

qui soit en Dieu. Si, en effet, l'obligation fait partie de l'essence de Dieu, non comme un commandement de sa volonté, mais comme un des attributs de sa nature, il faut qu'il y ait pour Dieu l'obligation d'accomplir certains actes, qu'il ait, en un mot, des devoirs. Or, Kant a prouvé que ni l'obligation ni le devoir ne sauraient convenir à une nature parfaite. En vain Pascal, d'après l'Ecriture, nous parle du devoir de Dieu, qui lui défend de nous tromper (1) ; en vain Leibnitz, dans sa *Théodicée*, revient sans cesse sur cette nécessité morale qui oblige Dieu à produire toujours le meilleur ; en vain Malebranche l'oblige à son tour à suivre les voies les plus simples : on ne peut entendre par là que ces lois éternelles constamment observées par Dieu, qui ne saurait s'y soustraire sans se contredire lui-même ; on ne suppose point que certaines actions soient commandées à Dieu, et qu'en lui imposant la nécessité de les accomplir, une autorité souveraine ait à combattre en lui des influences contraires au bien ; on ne suppose point, en un mot, qu'il y ait pour l'être parfait une véritable obligation.

Mais, si l'obligation n'appartient pas à la nature divine, ne peut-elle pas se dérober en quelque sorte sous un de ces rapports éternels que nous concevons entre Dieu et l'homme, et qui sont exprimés par nos jugements rationnels ? Parmi les vérités connues par la raison, les unes ont pour objet quelques-unes des perfections de Dieu : elles nous font concevoir la nécessité d'une cause première, le beau idéal, le bien suprême, l'ordre universel ; les autres peuvent s'appliquer à toutes nos idées, quelle qu'en soit l'origine, pourvu qu'on fasse abstraction de l'existence réelle de leurs objets ; elles ne supposent, comme on l'a vu, que la possibilité de ces objets, qui ne saurait être détruite. Toutes les propositions des mathématiques sont comprises dans cette dernière classe ; on n'y considère pas

---

(1) *Pensées*, édit. Havet, p. 277.

les quantités réelles que l'expérience nous découvre, ou que l'imagination nous représente, mais toutes les quantités qu'il est possible de supposer entre ces deux infinis de grandeur et de petitesse si fortement décrits par Pascal. Il en est de même de toutes les propositions qu'on appelle analytiques. Dans ces propositions, l'esprit conçoit un rapport nécessaire entre deux idées, dont l'une est contenue dans l'autre ou lui est opposée. Quant à ces idées elles-mêmes, elles peuvent venir de l'expérience aussi bien que de la raison. C'est, par exemple, l'observation intérieure qui nous fait connaître nos pensées, leurs caractères, leurs lois générales ; mais la raison, en les analysant, y découvre les lois nécessaires et absolues de la logique. On suivrait un procédé semblable, si on déduisait les lois de la morale des caractères essentiels des actions humaines, de leurs motifs ou de facultés qui contribuent à les produire. Nous pouvons donc distinguer, parmi les jugements rationnels, ceux dont l'objet est conçu directement par la raison, et ceux qui se rapportent à des notions fournies par l'expérience. Nous sommes conduits par là à chercher l'origine de l'obligation, non-seulement dans ces premiers principes qui sont quelque chose de Dieu, mais dans les attributs nécessaires de la nature humaine.

Si la raison a été considérée, d'une manière générale, comme la source de l'obligation, il y a eu aussi des systèmes qui ont fondé les devoirs de l'homme sur quelques-unes des conceptions rationnelles. La théorie générale, qui prête à la raison le pouvoir d'obliger la volonté, a été, je crois, suffisamment réfutée ; mais ces systèmes particuliers, qui font dériver l'obligation, soit de quelques idées absolues, comme les idées du bien et du juste, soit de la nature humaine, ne méritent pas un examen moins sérieux. Cet examen servira, d'ailleurs, à éclaircir non-seulement la nature de l'obligation elle-même, mais les vérités éternelles, auxquelles la loi morale doit être conforme, et qui fournissent pour ainsi dire une matière à ses prescriptions.

CHAPITRE TROISIÈME.

DE QUELQUES PRINCIPES RATIONNELS.

§ 1er. DE L'IDÉE DE L'ORDRE.

La plupart des philosophes qui ont fondé l'obligation sur les principes de la raison, ont cherché dans l'ordre l'expression de la loi morale. « On appelle légitime et loi, dit Platon, tout ce qui met de l'ordre et de la règle dans l'âme, d'où se forment les hommes justes et réglés (1). » Telle est également la doctrine de Leibnitz, lorsqu'il donne pour base à nos devoirs certaines règles d'égalité et de proportion, qui ne sont pas autre chose qu'une réalisation de l'ordre. Enfin, on sait le rôle que joue l'idée de l'ordre dans le système moral de Malebranche, et l'importance que lui a attribuée un des derniers philosophes qui aient soumis à une discussion approfondie les fondements de la morale, l'illustre auteur du *Cours de droit naturel*.

Toutes les conceptions de la raison, au point de vue théorique et au point de vue pratique, sont, en effet, résumées dans cette idée de l'ordre universel. Elle comprend tous les rapports dont l'expérience atteste l'existence, et dont la raison reconnaît la nécessité : l'enchaînement des genres et

(1) *Gorgias*, traduction de M. Cousin, p. 355.

des espèces, des causes et des effets, des moyens et des fins, des principes et des conséquences. Elle s'applique également aux relations éternelles, qui constituent la justice et qui proportionnent les devoirs aux droits, les récompenses et les peines au mérite et au démérite. L'ordre est, en un mot, dans le monde physique et dans le monde moral, la manifestation la plus immédiate et la plus générale des attributs de Dieu. Aussi, on ne peut agir par raison sans agir avec ordre, et tout ce qui est contraire à l'ordre, choque en même temps la raison.

Mais cette idée de l'ordre universel, si on ne la précise pas, dépasse infiniment les limites de la morale. Quand Dieu réalise l'ordre dans la nature, quand il y fait régner la plus parfaite harmonie, nous admirons sans doute sa sagesse infinie ; mais nous ne songeons ni à sa bonté, ni à sa justice, ni à aucun de ses attributs purement moraux. J'en dirai autant de l'homme : il conçoit l'ordre et s'y conforme, au point de vue de l'intérêt comme à celui de la justice. On loue sans doute un homme qui s'est fait des habitudes d'ordre et de régularité, et à qui répugne tout désordre ; mais c'est qu'on voit dans cette conduite réglée, dans cette vertu que les anciens désignaient par les mots de tempérance et de convenance, une manière d'agir conforme au devoir. Si un homme a de l'ordre, non par devoir, mais par une espèce d'instinct ; s'il est organisé de telle sorte qu'il ne puisse souffrir le désordre, ou s'il en comprend les dangers au point de vue de son utilité personnelle, nous pourrons admirer ces bonnes dispositions de sa nature, ou estimer sa sagesse, mais nous ne lui reconnaîtrons aucun mérite moral. L'ordre est donc un des objets auxquels s'applique l'obligation ; mais, sous cette forme indéterminée, il ne peut être le principe d'où elle dérive.

Pour préciser cette idée de l'ordre, on a quelquefois invoqué l'expérience. Quand nous observons la nature, nous voyons partout une admirable harmonie ; chaque chose est à sa place et tend à sa fin par les moyens les plus convenables; tous les êtres forment une vaste chaîne, dont nous ne connaissons pas encore tous les anneaux, mais dont les progrès des sciences nous font de jour en jour mieux comprendre la merveilleuse unité; leurs fins particulières conspirent également à réaliser une fin unique, et chacun d'eux peut être considéré comme un des instruments de l'ordre universel. Quoi de plus propre qu'un tel spectacle à élever l'âme, à la remplir d'admiration pour la sagesse du créateur! Mais nous fournira-t-il une règle de conduite? En contemplant l'ordre de la nature, nous comprendrons la nécessité de ne rien livrer au hasard, d'établir en nous-mêmes la plus parfaite harmonie entre tous nos penchants, et d'éviter au dehors tous les actes qui peuvent troubler la société; nous nous ferons, en un mot, les maximes les plus sages; mais il y a loin de ces maximes à des devoirs déterminés. D'ailleurs, s'il fallait chercher dans la nature le fondement de l'obligation, c'est la science universelle qui nous servirait de règle, et la certitude de nos connaissances morales serait subordonnée au progrès de l'histoire naturelle et de la physique. Qui pourrait accepter une telle conséquence?

Quand nous étudions l'histoire en philosophes, les destinées accomplies par les peuples, leurs révolutions successives assujetties en quelque sorte à des lois invariables, nous donnent l'idée d'un ordre non moins admirable que celui de la nature. Nous aimons à nous représenter avec Bossuet ces vues éternelles de la Providence, qui tient dans sa main tous les empires, et qui fait concourir tous les hommes à la réalisation de ses desseins, en se jouant de leurs passions et de leurs vaines espérances. Mais là encore nous ne trouverons pas une règle assurée. Dieu n'est pas le seul acteur dans l'histoire; il a voulu que l'homme y jouât librement son rôle. Tout est bon dans les résultats, car c'est Dieu qui les produit; mais les moyens dont il se sert sont souvent mauvais en eux-mêmes, car ils dépendent de la liberté humaine. Si nous jugeons les faits historiques d'après leurs conséquences, le succès justifiera tout, et nous cesserons de maudire l'ambition des conquérants, les cruautés des despotes, les fureurs de la multitude. Mais si nous voulons que la morale reprenne son caractère absolu, si nous cherchons un principe pour apprécier en elles-mêmes les actions des hommes, ce n'est plus à l'histoire qu'il faut le demander; nous n'avons pas à examiner ce qui s'est fait, mais ce qui devait se faire ; et si le succès et la gloire continuent à nous éblouir, nous devons agir avec la plupart des personnages historiques comme les anciens avec leurs dieux, les admirer, sans les imiter (1).

C'est donc en lui-même qu'on doit considérer l'ordre moral, et non dans les faits physiques ou moraux qui le réalisent plus ou moins parfaitement. Mais, dès qu'on veut appliquer cette idée à la détermination des devoirs de l'homme, on ne peut la préciser qu'en lui substituant un autre principe. Pour la plupart des philosophes, l'ordre moral se confond avec le bien et le juste : c'est ainsi que l'entendent Platon et Aristote, Malebranche et Leibnitz. Pour M. Jouffroy, l'ordre universel est également synonyme du bien en soi ; mais il précise cette idée en s'appuyant sur les penchants primitifs de notre nature, qui nous indiquent notre destinée, soit en elle-même, soit dans ses rapports avec les fins particulières assignées aux autres êtres. Laissons donc de côté l'idée de l'ordre, et demandons à la raison ou à l'observation de la nature humaine des notions mieux définies.

§ 2. DE L'IDÉE DU BIEN.

C'est surtout à l'idée du bien, moins vaste que celle de l'ordre, que l'on rattache ordinairement l'obligation mo-

(1) Je renvoie, pour la réfutation des systèmes de morale fondés sur la nature ou sur l'histoire, au dernier ouvrage de M. Jules Simon, *Le Devoir*, 3e part., chap. III.

rale. Dès que le bien est conçu, il implique, dit-on, l'obligation de l'accomplir : « Si le bien n'est pas le fondement de l'obligation, dit un des maîtres de la philosophie moderne, l'obligation n'a pas de fondement, et cependant elle en a besoin (1). » Il est certain que le bien, comme le montre clairement Kant, est l'objet de l'obligation, qui nous commande de le rechercher, et de fuir le mal, son contraire ; mais, si le bien, pris en lui-même, est plus étendu que le simple devoir ; s'il s'applique à des actions que l'homme n'est point tenu d'accomplir, il faut évidemment une puissance nouvelle pour fixer au sein du bien ce qui doit servir de matière à des préceptes obligatoires. C'est un point qui, je crois, n'a plus besoin d'être discuté.

Mais le nom de bien a plusieurs sens qu'on ne distingue pas toujours ; il exprime d'abord la perfection divine, sous le nom de bien suprême ; puis, tous les objets particuliers qu'on déclare bons en eux-mêmes : la science, la liberté, le bonheur, la vertu ; on regarde aussi comme des biens les moyens dont on se sert pour parvenir à un bien quelconque, comme la richesse, l'habileté, la prudence ; enfin, on entend par là un caractère des actions humaines, que l'on appelle le bien moral. Examinons si l'un de ces sens ne permettrait pas d'attribuer au bien l'origine de l'obligation.

On ne peut chercher cette origine dans le bien suprême, qui n'est autre chose que l'ensemble des perfections de Dieu. C'est un modèle, c'est un idéal, auquel il faut se conformer autant que possible, mais qui n'implique point par lui-même d'obligations déterminées. Ce n'est pas tracer des devoirs précis, que de recommander à l'homme la ressemblance avec Dieu : si l'on n'indique aucune limite, si l'on nous ordonne seulement de faire tous nos efforts pour nous rapprocher sans cesse de l'idéale perfection, où sera la sépara-

(1) M. Cousin, *Cours de 1818, sur les idées du vrai, du beau et du bien*, XXe leçon.

tion entre le saint ou le héros qui fait plus que son devoir, et l'honnête homme qui se borne à le remplir ? Les efforts peuvent être égaux pour l'un et pour l'autre ; le but est aussi le même : si, par rapport au devoir, le résultat est différent, ni ces efforts ni le bien suprême ne constituent l'obligation.

Faut-il parler de ces biens imparfaits, qui réalisent parmi les hommes, suivant des points de vue divers, une image plus ou moins exacte de cet idéal du bien ? Les idées que l'on s'en fait, dépassent infiniment l'idée de l'obligation. Le bonheur, par exemple, est assurément un bien , car on conçoit en Dieu un bonheur parfait, que tous les hommes ont devant les yeux, et qu'aucune déception ne les empêche de poursuivre : le bonheur n'est pourtant pas un principe obligatoire. Il faut en dire autant de la science, de la gloire, de la puissance. Il faut, à plus forte raison, séparer du devoir ces biens relatifs, qui n'ont par eux-mêmes aucun prix : ce n'est pas là qu'on trouvera une règle absolue.

Ce n'est que dans le bien moral qu'on peut chercher le principe de l'obligation. Mais cette idée elle-même est encore trop étendue, puisqu'elle embrasse à la fois le devoir et le dévouement. Pour la restreindre au seul devoir, il faut y joindre l'idée du mal : on n'est obligé de faire le bien que lorsqu'on ne peut y manquer sans commettre une mauvaise action. J'apprends qu'une inondation a ruiné, dans un pays voisin, des milliers de familles ; c'est une bonne œuvre de les secourir, mais ce n'est pas un devoir : je ne serais pas un malhonnête homme si je n'avais pour leurs souffrances qu'une stérile sympathie. Mais, si je laisse périr à mes côtés un malheureux que je puis sauver, qui ne dira que je fais mal, et que je manque à mon devoir ? Nous trouvons donc dans l'idée du mal moral un principe universel, qui peut servir à déterminer nos devoirs. Cette idée n'est pas moins absolue que celle du bien ; on peut la concevoir indépendamment de toute obligation : une action n'est pas mauvaise, parce qu'elle est défendue ; elle est défendue parce qu'elle est mauvaise. Mais c'est, d'un autre côté, une idée purement négative. Nous ne disons pas qu'une action est mauvaise, uniquement parce qu'elle est mauvaise; mais le mal nous apparaît toujours comme contraire à quelque bien ou à des devoirs clairement connus. Ainsi, nous jugeons qu'il est mal de mentir, parce que c'est offenser la vérité; qu'il est encore plus mal de commettre un parjure, parce que c'est outrager Dieu. Pour que le mal soit absolu, il faut qu'il soit la négation d'un principe absolument bon; mais ce principe n'est pas toujours connu : tous les hommes sont convaincus que c'est une mauvaise action de s'approprier le bien d'autrui; mais tous pourraient-ils expliquer pourquoi la propriété est respectable en elle-même? A défaut de l'idée du bien, on invoque alors celle du devoir : on dit qu'il est mal de voler, parce qu'on est obligé de respecter le bien d'autrui. Mais, si l'idée d'obligation sert, dans beaucoup de cas, à définir le mal moral, comment l'idée du mal serait-elle le fondement de l'obligation?

Je puis, d'ailleurs, répéter contre l'idée du mal les arguments que j'ai opposés à toutes les conceptions de la raison. En nous disant ce qui est mal, cette idée n'exprime qu'un fait, elle ne nous commande pas, elle ne nous impose aucune loi. Si, en concevant le mal, nous croyons nécessairement que nous devons le fuir avec horreur, cela prouve que nous avons l'idée de l'obligation morale, mais non que l'idée du mal soit le principe même qui nous oblige.

Dira-t-on que c'est le mal lui-même qui nous impose des devoirs? Quand le mal serait un être réel, comme le voulaient les Manichéens, il ne saurait être le fondement de l'obligation, qui est par elle-même essentiellement bonne. Le mal ne peut nous pousser au bien qu'en vertu des idées ou des sentiments qu'il fait naître dans notre âme, ou de la loi morale, qui nous prescrit de le fuir. On a vu que l'idée du mal est insuffisante; quant à la haine et au mépris que le mal nous inspire, ce sont des sentiments excellents, mais aveugles, et qui n'ont pas plus d'autorité que les autres impulsions de la sensibilité. Enfin, si nous fuyons le mal pour obéir à la loi morale, nous aurons toujours à chercher comment elle devient obligatoire.

Certains moralistes ont regardé le bien moral et le mal moral comme des propriétés de nos actions, directement perçues par la raison. C'est le systyme de Price et des philosophes écossais, si victorieusement réfuté par M. Jouffroy. Pour échapper à toutes les difficultés, ces philosophes déclarent la notion du bien une idée si simple, qu'on ne saurait la définir. Mais, si simple qu'elle soit, il faut cependant en déterminer la nature : si le bien est une propriété inhérente à nos actions, de même que l'étendue appartient à la matière, cette propriété ne peut être réalisée que par la volonté de l'homme ou par celle de Dieu : dans le premier cas, l'obligation dépend de nous-mêmes ; dans le second, elle dérive de la volonté divine et non de la raison. Dira-t-on que le bien n'est qu'un rapport entre nos actions et un modèle idéal, qui ne se trouve qu'en Dieu ? On a besoin alors de préciser ce rapport, et on voit renaître toutes les difficultés qu'on prétendait éviter.

Enfin, je puis reproduire contre cette idée indéfinie du bien, l'argumentation pressante de M. Jouffroy : on supprime, par cette théorie, toute discussion sur la valeur morale des actions et des personnes, puisqu'on apprécie le bien dans chaque cas particulier, sans s'appuyer sur un principe général ; on est même conduit, si l'on est conséquent, à nier toute divergence, toute contradiction entre les opinions humaines sur le bien et le mal : car, comment pourrais-je savoir qu'une idée conçue par moi est contraire à une idée conçue par un autre esprit, si je ne puis ni la définir, ni l'analyser, à cause de sa simplicité ; on doit même supposer tous les hommes également éclairés, puisqu'ils ne peuvent s'instruire les uns les autres.

Mais, sans nous arrêter à ces discussions un peu subtiles, revenons à l'idée du bien, telle que tout le monde la conçoit et l'applique. Quelque caractère absolu que nous prêtions à cette idée, nous ne la séparons point cependant de celle de notre bonheur. Il nous semble contradictoire que le bien en soi, le souverain bien, soit opposé à notre bien. Ce bonheur suprême, auquel nous aspirons, dont l'image la plus affaiblie nous satisfait pour quelques instants, dont l'espérance nous soutient au milieu de toutes nos peines, c'est aussi quelque chose d'absolument bon, et l'idéal des stoïciens, qui placent le bien dans la seule vertu, répugnera toujours à notre nature. Aussi, pour déterminer cette notion du souverain bien, Kant y fait-il entrer tout ensemble, l'idée de la vertu et celle du bonheur. Or, si ces deux idées se réunissent dans un même objet, si le motif qui nous porte au bien n'a rien d'opposé au mobile irrésistible qui nous fait chercher le bonheur, comment le premier exercerait-il sur le second cette contrainte morale qui constitue l'obligation? Où trouver le principe de cette lutte intérieure, qui, suivant la théorie de Kant, doit se produire dans nos âmes, en nous forçant à respecter le motif qui nous dompte et qui humilie notre orgueil?

Lorsqu'on parle du bien, il est impossible d'oublier le système de Platon, qui fait de cette idée le principe fondamental de sa métaphysique, en même temps que de sa morale. Or, que manque-t-il à la morale de Platon, si grande et si sublime dans ses élans vers le bien, et dans sa théorie du juste? une seule chose, mais la plus importante, l'idée d'obligation. Non-seulement Platon parle rarement de l'obligation, à moins qu'elle ne soit déterminée par une loi positive, c'est-à-dire, par la volonté d'un législateur, mais en réalité il la supprime. Il n'admet pas que le bien, du moment qu'il est conçu, puisse rencontrer dans l'âme un mobile qui lui résiste. En fondant tout sur le bien, il ne voit plus en nous aucun principe de contrainte et de lutte, et, dans les conséquences de sa doctrine, il ne recule pas devant les plus étranges paradoxes. C'est lui qui dit dans les *Lois :* « Tous les méchants sans exception sont tels involontairement dans tout le mal qu'ils font (1) ; » et dans le *Timée :* « Personne n'est méchant, parce qu'il le veut ; on le devient, à cause d'une mauvaise disposition du corps, ou d'une mauvaise éducation (2). » Citons encore le *Gorgias :* « On veut les choses qui sont bonnes, et celles qui ne sont ni bonnes ni mauvaises, ou tout à fait mauvaises, on ne les veut pas (3). »

Il y a certainement quelque chose de vrai dans cette théorie, qui attribue à l'idée générale du bien, pourvu qu'elle soit conçue clairement, une action irrésistible sur la volonté. Aussi, sans accepter les mêmes conséquences, Bossuet ne s'exprime pas autrement : « Vouloir, est une action par laquelle nous poursuivons le bien et fuyons le mal ; » et il déclare que notre nature nous détermine toujours à vouloir le bien en général (4). C'est également la doctrine de Fénelon : « On ne peut hésiter sur le bien suprême, qu'en ne le connaissant que d'une connaissance superficielle, imparfaite et confuse, qui le rabaisse jusqu'à le faire comparer aux biens qui lui sont infiniment inférieurs.... Mais, si le bien suprême venait à se montrer tout à coup avec évidence, avec son attrait tout-puissant, il ravirait d'abord tout l'amour de la volonté, et il ferait disparaître tout autre bien, comme le grand jour dissipe les ombres de la nuit (5). » C'est, enfin, la doctrine de Descartes : « Notre volonté ne se portant à suivre ni à fuir aucune chose, que, selon que notre entendement nous la représente bonne ou mauvaise, il suffit de bien juger pour bien faire (6). Ainsi, les philosophes qui ont le mieux appro-

---

(1) Traduction de M. Cousin, liv. IV, p. 162.
(2) Ibid., p. 231.
(3) Ibid., p. 244.
(4) *Connaissance de Dieu et de soi-même,* chap. I, § 18.
(5) *Lettres métaphysiques,* lett. II, chap. III, § 6.
(6) *Discours de la Méthode,* 3ᵉ partie.

fondi là notion du bien, l'ont considérée comme le mobile
constant et indispensable de la volonté, pourvu qu'elle soit
conçue clairement. Mais, si l'obligation n'a pas un autre
principe, si l'on est sûr de faire son devoir dès qu'on a sur
le bien et le mal des idées parfaitement claires, quel sera
le fondement de tous les devoirs? Ce sera la science, ou la
perfection de l'intelligence; il n'y aura pas d'autre vice que
l'ignorance, et le sage, en s'élevant à la connaissance des
premiers principes et des vérités éternelles, deviendra capable de toutes les vertus :

Ad summam, sapiens uno minor est Jove, dives,
Liber, honoratus, pulcher, rex denique Divum.

§ III. — DE L'IDÉE DU JUSTE.

L'idée du juste, plus précise que celle du bien, a aussi
été regardée comme la source de l'obligation. Le juste n'embrasse pas, comme le bien, ces actes de dévouement, ces
vertus héroïques, qui excitent notre admiration, mais
qu'aucun devoir ne prescrit; son objet se confond en général avec celui du devoir. D'ailleurs, l'idée de la justice, de
même que l'idée du bien, est une notion de la raison, ex-
primant quelque chose de Dieu : nous pouvons y trouver
une règle sûre et invariable. Que lui manque-t-il donc
pour qu'elle soit le fondement de l'obligation?

Si la justice est éternelle, elle est un attribut de Dieu;
elle trouve en Dieu sa substance (1). Dieu nous apparaît,
en effet, comme essentiellement juste : quand les impies
se plaignent du bonheur des méchants et des misères qui
accablent les bons, ils croient implicitement à la justice
divine; ce qui excite leurs plaintes serait tout naturel, si
une puissance injuste ou indifférente gouvernait le monde.
Mais cet attribut de Dieu n'entraîne pour lui aucune obliga-

---

(1) Le *Devoir*, par M. Jules Simon, 3ᵉ partie, chap. III.

tion. Il faut le répéter sans cesse, Dieu est juste, comme il est bon, comme il est sage, comme il est libre, d'après la loi de sa nature parfaite ; l'accomplissement de la justice n'est pas un commandement imposé à sa volonté ; c'est la suite nécessaire d'un de ses attributs éternels : il ne veut pas la justice parce que c'est un devoir, mais parce qu'il ne peut vouloir autre chose, sans cesser d'être juste, sans cesser d'être lui-même. Ainsi, la justice, rapportée à sa substance, qui est Dieu, ne contient pas l'obligation, et, par conséquent, elle n'en peut être le principe.

Non-seulement la justice divine ne saurait posséder ce caractère obligatoire, qui est le propre de la justice humaine, mais elle ne peut servir à la déterminer, dans ses applications essentielles. Notre justice consiste, suivant la définition ordinaire, à rendre à chacun ce qui lui est dû. Or, Dieu ne doit rien à personne : il peut tout nous prendre comme il peut tout nous donner, sans que nous ayons le droit de l'accuser d'injustice. Qui fixera toutes les relations d'où dépend la justice humaine, et qui n'ont point leur type ou leur modèle dans nos rapports avec Dieu ?

Il n'y a qu'un seul cas où la justice des hommes semble une image de celle de Dieu : c'est quand elle frappe le coupable ou récompense l'homme de bien. Mais cependant quelle différence ! Le droit de récompenser et de punir n'est, chez l'homme, qu'un droit exceptionnel ; il suppose une autorité, une supériorité sociale ; on n'en jouit que dans certaines positions, où l'on est placé, non par sa volonté seule, mais par celle du souverain juge ; enfin, on a besoin de justifier ce droit, non-seulement par la justice, mais par l'intérêt public, et, quand il faut le pousser à ses dernières conséquences, quand on doit prononcer sur la vie d'un homme, on ne l'exerce qu'en tremblant. Nous comptons, au contraire, dans toutes les circonstances, dans tous les temps, dans tous les lieux, sur la justice infaillible de Dieu : elle n'est pas, chez lui, un droit accidentel, mais le fond même de sa nature ; et nous aimons mieux supposer, dans nos murmures et dans nos blasphèmes, qu'il n'y a pas de Dieu, que d'admettre un Dieu sans justice.

Toutefois, cette justice humaine, si restreinte, si imparfaite, quand elle punit ou récompense, renferme un caractère qu'on ne trouve pas dans celle de Dieu. Ceux qui en sont les ministres sont obligés, sous peine de forfaiture, de la réaliser sans remise, toutes les fois qu'une action coupable ou vertueuse est soumise à leur jugement. Voici un homme riche et puissant, qui a commis un crime horrible, et qu'on défère à leur tribunal : il faut que sur-le-champ ils examinent sa vie coupable, et si son crime est avéré, c'est leur devoir de le condamner. S'ils inventaient des prétextes pour ajourner leur sentence, ils seraient justement flétris. Oseraient-ils dire, par exemple, que cet homme n'a pas comblé la mesure de ses infamies, qu'il faut le laisser encore quelque temps accroître sa prospérité à force de crimes, pour le précipiter plus tard du faîte de sa puissance, et rendre sa chute plus affreuse? Qui supporterait un pareil raisonnement? Mais ce qui nous révolterait dans un juge, nous semble naturel, quand nous parlons de Dieu; nous ne sommes pas surpris que la peine vienne d'un pas boîteux, et, quels que soient parfois nos murmures contre la lenteur de la justice divine, nous absolvons la Providence, s'il nous est donné tôt ou tard d'assister à la chute de quelque grand coupable :

> Abstulit hunc tantum Rufini pœna tumultum,
> Absolvitque Deos (1);

nous approuvons même la justice de Dieu d'avoir laissé le méchant s'élever, pour qu'il tombe de plus haut :

> Tolluntur in altum,
> Quo lapsu graviore ruant (2).

---

(1) Claudien, *in Rufinum*.
(2) Ibid.

C'est que la justice de Dieu est un attribut de sa nature, dont nous attendons patiemment les manifestations, car elles sont inévitables, tandis que la justice des hommes est une loi qui leur est imposée, qu'ils doivent observer à jour et à heure fixes, et qu'ils n'ont point à discuter. En un mot, la justice humaine, dans son imperfection, renferme un élément qui la précise et la détermine, et qu'elle ne trouve point dans la justice suprême : c'est son caractère obligatoire.

Où chercherons-nous la règle de cette justice humaine, si différente de celle de Dieu? On ne peut la demander au devoir, puisqu'on veut en faire le principe même du devoir. Dira-t-on que la justice est une qualité de nos actions? On rencontre les mêmes objections sous lesquelles a déjà succombé une théorie semblable, appliquée à l'idée du bien. Une action prise en elle-même n'a rien de juste ni d'injuste : elle ne peut le devenir que dans son rapport avec une personne. Je refuse de restituer des armes qu'on m'a confiées : est-ce une injustice, demande Socrate dans la *République* de Platon? Tout le monde conviendra que non, si celui qui les réclame est atteint de folie (1). La justice n'est donc pas une qualité simple; elle est un rapport ou une proportion entre deux ou plusieurs termes.

Ainsi l'ont définie Platon et Aristote; ainsi l'entend Leibnitz : « La justice, dit-il, suit certaines règles d'égalité et de proportion, qui ne sont pas moins fondées dans la nature immuable des choses, et dans les idées de l'entendement divin que les principes de l'arithmétique et de la géométrie (2). » C'est aussi la célèbre définition de Montesquieu: « Les lois sont les rapports nécessaires qui dérivent de la nature des choses (3). » Un philosophe contemporain re-

(1) *République*, liv. I.
(2) *Monita ad Pufendorfii principia*, § 4.
(3) *Esprit des lois*, chap. I.

pousse comme contradictoire cette expression de rapports nécessaires : il craint que la justice, si on en fait une relation, ne soit plus qu'un fait contingent (1). Ce scrupule me paraît exagéré. Toutes les idées, quel que soit leur objet, sont nécessaires et immuables, quand elles expriment l'essence de cet objet, son éternelle possibilité. Quand l'humanité serait détruite, l'idée de l'homme subsisterait toujours, avec tous les éléments qu'elle renferme. Entre les idées ainsi entendues, on peut donc concevoir des rapports éternels. Dès que je me représente un être libre et une chose que son travail a produite, je comprends qu'il est juste que cette chose lui appartienne et qu'il en dispose, et aucune puissance au monde ne saurait détruire la nécessité de ce rapport entre l'ouvrier et son œuvre. Voilà l'éternité de la justice, quoiqu'elle ne soit qu'une relation.

Mais, qu'est-ce que cette relation, et entre quels termes doit-on la chercher?

Je reprends le rapport que j'ai choisi pour exemple, entre l'ouvrier et son œuvre. Ce rapport exprime une chose juste, nécessairement juste; mais suffit-il pour constituer la justice? Je garantis à l'ouvrier le fruit de son travail, dans l'espoir qu'il en fera un mauvais usage : est-ce un acte de justice? Je veux l'en dépouiller, parce que j'ignore ses droits ou que je crois en avoir de plus forts : est-ce un acte d'injustice? La relation entre la personne et la chose n'a pas varié dans les deux cas : c'est mon action qui est venue s'y mêler, et elle y a introduit de nouveaux éléments de justice et d'injustice. Voilà donc un terme de plus et un nouveau rapport : pour déterminer la justice, il faut une action volontaire, faite en connaissance de cause, et se rapportant à la fois à une chose et à une personne (2). Est-ce tout, et la justice est-elle désormais constituée?

---

(1) Le *Devoir*, par M. Jules Simon, 3ᵉ partie, chap. II.
(2) Hoc ipsum ita justum est, quod recte fit, si est voluntarium.
Cicéron, De officiis, liv. I, chap. 28.

Il y a un sophisme de Hume, qui a beaucoup embarrassé le sage Reid, et qui tend à ruiner la notion de la justice, fondée sur ce triple rapport. La justice, dit le célèbre sceptique, ne subsiste pas dans la nature des choses, indépendamment des actions humaines, puisqu'elle varie suivant nos intentions : comment nos intentions peuvent-elles donc être justes ? Si on dit qu'elles le deviennent, quand elles s'appliquent à des choses justes, c'est un cercle vicieux, c'est une contradiction grossière. Et Hume s'empresse de conclure que la justice n'est fondée sur aucun principe naturel (1). Reid tranche la question, en faisant intervenir un quatrième terme, l'agent lui-même, l'auteur de l'action. Il se rencontre ainsi avec la théorie d'Aristote, qui fait de la justice une proportion entre quatre termes : car « cette notion s'applique toujours à deux personnes et à deux choses (2). » Voyons donc quel sera le rôle de ce quatrième terme, de cet agent raisonnable et libre, dans la détermination de la justice.

Si l'agent était Dieu lui-même, toutes les relations qui ont été établies, se trouveraient encore changées. Dieu peut, sans injustice, dépouiller l'ouvrier de son œuvre, tarir les sources de son travail, le réduire à la misère. Les relations qu'il s'agit d'expliquer, ne concernent donc que la volonté humaine. Mais, en vertu de quel caractère notre volonté entre-t-elle dans un système de justice ? Est-ce comme la volonté d'un être raisonnable et libre ? Dieu l'est comme nous et infiniment plus que nous. Est-ce en vertu de notre imperfection ? Pour des êtres inférieurs à l'homme, la justice devrait subsister, au sein des mêmes relations : or, il n'y a pas d'injustice, quand un animal me dérobe mon bien. Que reste-t-il donc en nous, si ce n'est notre caractère moral,

---

(1) *Traité de la nature humaine*, liv. III, part. II, sect. I. Cf. Reid, *Essais sur les facultés actives*, Essai V, chap. IV.

(2) *Morale à Nicomaque*, liv. V, chap. VI.

c'est-à-dire la règle obligatoire à laquelle nous sommes soumis? Si l'homme n'avait pas de devoirs, on ne lui devrait rien, de même qu'il ne devrait rien à personne. Bien loin que l'idée du juste soit le principe de l'obligation, c'est au contraire l'obligation qui détermine la justice humaine.

Quoique la justice ne puisse se manifester qu'en s'appliquant à des êtres moraux, soumis à des lois obligatoires, elle n'en est pas moins un principe nécessaire et invariable. En effet, il suffit de se représenter l'obligation dans son essence éternelle, indépendamment de son existence, pour concevoir toutes les relations qui constituent la justice; de même que, si l'on a l'idée de l'étendue, on peut découvrir *a priori* toutes les propositions de la géométrie. Aussi l'obligation, ainsi conçue, nous apparaît même comme un des éléments de l'ordre moral, que la justice divine tend à réaliser dans le monde. Qu'il existe ou non des lois obligatoires, nous nous faisons l'idée d'un rapport nécessaire entre toute action contraire à ces lois et une souffrance méritée : la négation de ce rapport blesserait toutes nos idées sur la justice de Dieu. Quoiqu'il n'y ait pour Dieu aucun devoir dans le sens absolu du mot, il y a donc en lui une disposition éternelle à réaliser la justice; mais cet attribut divin n'aurait aucune occasion de se manifester, si Dieu n'avait créé des êtres libres, et s'il ne leur avait imposé des devoirs. Tant il est vrai qu'en dehors du devoir ou de l'obligation on ne peut trouver aucune détermination précise de la justice.

§ 4. DE L'IDÉE DU DROIT.

C'est au moyen de l'idée du droit qu'on précise ordinairement les relations de la justice. Cette idée, plus restreinte que les précédentes, a également été considérée

comme le fondement de l'obligation. « Le droit, dit Grotius, est une qualité morale attachée à la personne, en
vertu de laquelle on peut légitimement avoir ou faire quelque chose (1). » Cette définition, quoique incomplète, peut
suffire provisoirement. Or, si le droit est une faculté légitime, il correspond à des obligations déterminées par la
loi morale. Si j'ai le droit de faire ou de posséder quelque
chose, c'est un devoir pour autrui de me respecter dans
mes actions ou dans les choses que je possède. Le droit
est donc, d'une manière générale, la qualité d'une personne, en vertu de laquelle on lui doit quelque chose, on
a des devoirs envers elle. Le devoir et le droit se rapportent aux mêmes objets; mais l'un est considéré dans la
personne qui est obligée; l'autre, dans la personne envers
qui on est obligé : le devoir, c'est ce qu'on doit; le droit,
ce qui est dû.

Il est donc naturel de mesurer le devoir par le droit,
comme on pourrait mesurer aussi le droit par le devoir.
On est même plus porté à préférer la première méthode.
Reid en donne deux raisons, qui sont ingénieuses (2). La
première est que cette voie est plus flatteuse pour notre
orgueil : le devoir est en effet pour nous, suivant la profonde remarque de Kant, quelque chose qui blesse notre
amour-propre, qui nous fait sentir notre dépendance; mais,
quand il s'agit du devoir qui oblige les autres envers nous,
et par conséquent de notre droit, nous y voyons directement le sceau de notre dignité, notre attention s'y porte
avec empressement. Le second motif allégué par Reid,
c'est qu'on a commencé par s'occuper du droit civil, avant
de s'appliquer à éclaircir la loi naturelle. Il faut, en effet,
un plus grand effort pour se replier sur soi-même et chercher au fond de son âme le principe du devoir, que pour

---

(1) *Du droit de la paix et de la guerre*, liv. I, chap. I.
(2) *Essai sur les facultés actives*, Essai V, chap. II.

observer et interpréter les institutions positives des peuples. Or, la loi civile détermine avant tout les droits qu'elle a pour mission de protéger ; elle ne considère les devoirs que d'une façon générale, dans leurs rapports avec les droits. Quand, plus tard, on a reconnu dans la loi naturelle, dans cette loi innée et non écrite, comme dit Cicéron, le fondement de la loi civile, on a été conduit à en calquer l'étude sur celle des institutions qu'elle devait expliquer, et à lui appliquer les mêmes expressions. De là les noms de loi morale, de droit naturel ; de là aussi l'usage de fonder le devoir sur le droit.

Quoi qu'il en soit de ces explications, cette détermination du devoir par le droit ne retranche rien à son autorité. Le droit, en effet, est universel comme le devoir ; je trouve dans mon droit la mesure de celui d'autrui, et, par suite, de mes devoirs ; je ne puis exiger des hommes aucun respect pour mon droit sans leur devoir le même respect. La formule la plus précise de la justice : *Ne fais pas à autrui ce que tu ne voudrais pas qu'on te fît à toi-même*, n'exprime pas autre chose que cette voie détournée de connaître le devoir.

Voilà donc une idée qui nous donne un principe pratique pour déterminer nos devoirs. Mais le droit lui-même, d'où vient-il? Si nous devons l'accepter comme fondement de l'obligation, il faut qu'il nous fasse connaître ses titres et son origine.

Le droit ne peut être en nous qu'une qualité personnelle ou un rapport avec d'autres personnes. Dans la première hypothèse, il est connu par expérience, comme un fait purement humain, et son existence, comme celle de toutes nos facultés, ne peut résulter que de la volonté de Dieu. Il en est de même si l'idée du droit exprime un rapport empirique, un rapport qui n'est qu'un fait, et qu'il faut observer pour le connaître. Mais il y a dans le droit quelque chose d'universel et d'éternel qui exclut ces deux hypothèses. Il faut donc s'arrêter à l'idée d'un rapport nécessaire, apprécié par la raison.

Or, qu'y a-t-il de commun entre les hommes qui puisse constituer un tel rapport? Certaines doctrines ont mis en avant nos besoins. C'est, par une autre voie, revenir à l'expérience; c'est dégrader, d'ailleurs, les principes de la morale. Nous ne sommes pas les seuls êtres qui aient des besoins; les animaux en ont comme nous : faudra-t-il aussi leur attribuer des droits? Qu'une métaphysique peu profonde, pour justifier le droit de propriété, nous parle des oiseaux qui se bâtissent des nids, et qui repoussent toute agression contre le fruit de leur travail, je ne chercherai jamais dans l'instinct des animaux, dans les besoins qui les font agir, le type des droits de l'homme. On distingue, il est vrai, des besoins intellectuels infiniment plus respectables que ceux de la brute. Mais, pour employer les formes de la dialectique platonicienne, l'intelligence nous donne-t-elle des droits parce qu'elle est un besoin ou pour un autre motif? Si par elle-même elle est respectable, qu'on cesse de parler de besoins. L'intelligence ou la raison est en effet pour l'homme la faculté la plus précieuse; mais qui peut la rendre inviolable et sacrée? C'est, dit-on, que tous les hommes sont obligés d'écouter leur raison, de se conformer à ses préceptes, de ne rien faire qui lui soit contraire; quand cette même raison leur apparaît dans autrui, elle n'est pas moins respectable; ils sont obligés envers elle partout où elle se manifeste. J'admets cette explication; mais à quoi se réduit-elle? A fonder le droit sur un devoir déterminé, sur le devoir qui nous oblige envers la raison et la vérité. Le devoir, en effet, est le seul principe légitime auquel on puisse recourir quand on veut expliquer le droit.

Les philosophes anciens rattachaient l'idée du droit à celle d'égalité : « Le juste en soi, dit Aristote, est ce qui est conforme aux lois et à l'égalité (1). » Il ne s'agit pas évidem-

---

(1) *Morale à Nicomaque*, liv. V, chap. I.

ment de l'égalité des forces ou des facultés, des avantages physiques ou intellectuels : tout en nous est inégal, excepté une seule faculté, notre volonté libre. « Il n'est pas possible de concevoir de différence entre le libre arbitre d'un homme et le libre arbitre d'un autre. Je suis libre ou je ne le suis pas ; si je le suis, je le suis autant que vous, et vous l'êtes autant que moi. Il n'y a pas là de plus et de moins (1). » Voilà donc en nous une égalité positive ; mais cette égalité n'est qu'un fait, et non pas un droit : l'intelligence est forcée de la reconnaître ; mais pourquoi la volonté la respecterait-elle ? Il faut donc chercher un caractère de la liberté, qui, non-seulement soit égal en tous, mais que nous soyons obligés de respecter : ce caractère, c'est le droit lui-même. Le droit est inviolable chez tous les individus : le pauvre et le riche, le faible et le puissant, ont des droits également sacrés. L'égalité est donc la condition essentielle, la conséquence nécessaire, et non le fondement du droit.

Aussi le droit à l'égalité a-t-il varié parmi les hommes, suivant que les autres droits ont été déterminés d'une manière plus ou moins précise. Quand le droit de propriété avait encore quelque chose de précaire, toute propriété n'eût pas paru également inviolable. Il a fallu qu'on fixât nettement les droits des personnes, pour que la personne de l'homme fût partout également respectée. Si tant de gens font encore moins de cas de l'honneur d'un homme du peuple que de celui d'un homme du monde, c'est que l'idée de l'honneur est beaucoup moins déterminée que celle des autres droits.

Rien de plus important que ce droit à l'égalité : plus il s'étend, plus une société s'élève. Il n'est point pour la morale de plus forte barrière que de s'habituer à voir des

---

(1) M. Cousin, *Cours de 1818, sur le vrai, le beau et le bien*, 18e leçon.

égaux, et non plus des inférieurs ou des supérieurs dans les hommes qu'on outrageait autrefois sans scrupule, ou dont on n'osait repousser les outrages (1).

Mais, si l'égalité est précieuse, elle ne peut précéder le droit, pour lui servir de principe ; elle en suit au contraire toutes les vicissitudes. Bien plus, si tous les hommes n'avaient pas les mêmes devoirs, ils n'auraient pas des droits égaux ; s'il y a des hommes qui ont, en quelque sorte, des droits supérieurs, c'est que leurs devoirs sont plus étendus. Au point de vue de l'égalité, c'est donc encore le devoir qui est le fondement du droit.

Kant fonde le droit sur la liberté. Il en trouve la formule dans l'accord de la liberté de chacun avec la liberté de tous, suivant une loi générale (2). Il est conséquent avec tout son système, qui fait sortir toute la morale de l'idée pure de la liberté. Mais cette liberté qu'il a en vue, ce n'est pas notre libre arbitre avec ses défaillances et ses imperfections ; c'est l'indépendance absolue d'une volonté autonome, qui est à elle-même sa propre loi. Quant à la liberté dont nous avons conscience, elle n'est pas respectable en elle-même, car elle peut faire le mal comme le bien. La liberté d'autrui, sous ce rapport, est, comme la nôtre, imparfaite, changeante, et sujette à faillir. L'accord de ma liberté avec celle d'autrui n'est donc que l'accord de deux puissances finies, qui, par elles-mêmes, ne méritent aucun respect. D'ailleurs, notre liberté ne s'appartient pas réellement à elle-même ; elle appartient au devoir : voilà son maître et son arbitre, voilà ce qui la rend inviolable. Comme le devoir a pour conséquence naturelle d'affranchir la liberté, toute volonté asservie au devoir réalise l'i-

_____

(1) Voir, sur l'importance de l'égalité, le remarquable chapitre de M. Garnier (*Morale sociale*, liv. IV.)

(2) *Eléments métaphysiques du droit*, traduction de M. Barni, pag. 44.

déal, que Kant s'était représenté, d'une volonté entièrement libre. Il ne saurait, d'un autre côté, exister aucun désaccord entre les volontés réglées par le devoir, puisqu'elles ont le même maître, et que ses commandements sont universels. Mon droit de liberté, déterminé par mes devoirs, peut donc être apprécié, suivant la formule de Kant, d'après son accord avec celui d'autrui. Mais cette formule ne donne pas l'origine du droit lui-même; il ne découle pas de la liberté; il vient de plus haut; il a sa source dans le devoir, auquel la liberté est soumise.

On rattache enfin le droit à la destinée humaine. Chacun de nous a une destinée à remplir; il peut faire légitimement tout ce qui est nécessaire à l'accomplissement de cette destinée : il a donc le droit d'être respecté dans tous les moyens qu'il emploie; c'est un devoir pour tous les hommes de ne porter aucune atteinte à l'usage que chacun d'eux fait de ses facultés, en vue de la fin qu'il doit poursuivre. Rien de plus vrai que cette théorie, si l'on n'étend pas la destinée de l'homme à tous les objets qu'elle peut embrasser, comme un bonheur sans mélange ou un perfectionnement indéfini, si on la restreint exclusivement à ce qu'elle a d'obligatoire. C'est donc toujours le devoir qui sert de principe au droit.

Les droits de l'homme, en effet, sont les devoirs mêmes qu'il est obligé de remplir et toutes les conditions qu'ils supposent, tout ce qu'on a besoin de faire ou de posséder pour les accomplir librement. Si on nous doit quelque chose, c'est à nos devoirs qu'on le doit, c'est à la loi morale, qui nous fait tous les sujets d'un même législateur, c'est à ce législateur lui-même. Dieu seul, en réalité, possède la plénitude du droit; mais comme notre liberté, notre vie, nos facultés, sont au service de sa volonté souveraine, ces instruments du devoir acquièrent autant de droits inviolables et sacrés.

Nos droits sont donc déterminés, non-seulement par les devoirs d'autrui, auxquels ils servent de matière, mais par nos propres devoirs, dont ils sont la condition ou la garan-

tie. On tournerait donc dâns un cercle, si l'on cherchait
dans le droit l'origine de l'obligation.

Nous pouvons cependant, sans pétition de principe, déterminer, d'après les droits d'autrui, nos devoirs particuliers. Le droit n'exprime, en effet, que les conditions générales du devoir ; on peut l'apprécier sans avoir approfondi
toutes les obligations auxquelles il correspond, et il peut
servir lui-même à connaître ces obligations. Mais, dans cet
usage purement pratique, il manquera encore à l'idée du
droit une détermination précise, qu'elle ne saurait trouver
ni en elle-même ni dans aucun principe rationnel.

Il importe d'établir cette insuffisance de l'idée du droit.
Mais, pour cette démonstration, il faut distinguer avant
tout les droits essentiels de l'homme. La définition de Grotius les réduit à la faculté de faire ou d'avoir quelque chose,
sans être troublé par autrui. Reid introduit dans l'idée du
droit un autre élément, que les jurisconsultes romains
avaient déjà reconnu, mais dont la légitimité a été contes-
tée par quelques philosophes. Nous avons, dit-il, le droit ou
la faculté légitime, non-seulement d'agir ou de posséder,
mais d'obtenir quelque chose (1).

Nous n'avons en réalité, d'après cette définition, que deux
espèces de droits : le droit d'être respectés dans l'usage de
nos facultés et des choses que nous possédons, et le droit
d'obtenir certaines choses que nous n'avons pas. Le premier se rapporte à quelque bien qui nous appartient, et
dont les autres doivent s'abstenir ; le second, au contraire,
à quelque bien qui nous manque, et que les autres doivent
nous donner. Au premier correspondent tous les devoirs
négatifs qu'on est obligé de remplir envers nous ; au second, tous les devoirs positifs. On peut appeler le premier, droit au respect, et le second, droit à l'assistance.

On a souvent nié ce dernier droit ; on a prétendu que

(1) Reid, *Essais sur les facultés actives*, Essai V, chap. III.

nous avons seulement le droit d'avoir ou de faire quelque chose, mais non celui d'obtenir ou de réclamer des services positifs. Je répondrai avec Reid que la langue reconnaît ces deux espèces de droits. Si nous disons que tout homme a le droit d'habiter où il veut, d'aller et de venir, de pratiquer son culte, d'exprimer ses pensées, pourvu qu'il ne nuise pas à autrui, et qu'on est obligé de ne pas le troubler dans ces actes légitimes, nous disons aussi qu'un malheureux a droit aux secours des riches, qu'un bienfaiteur a droit à la reconnaissance de ceux qu'il a obligés, que des parents, tombés dans le dénûment, ont le droit d'être aidés de leurs enfants. L'analogie confirme aussi cette distinction. Les mots de droit et de devoir sont corrélatifs ; nous les employons constamment pour désigner une même action, l'un chez la personne qui en est l'objet ; l'autre, chez celle qui est obligée de l'accomplir. Nier le droit à l'assistance, c'est violer cette analogie en supposant des devoirs sans droits, à moins qu'on n'aille plus loin, et qu'on ne supprime aussi toute obligation positive, tout devoir de bienfaisance.

Enfin, l'existence de ce droit est une conséquence nécessaire des principes mêmes sur lesquels reposent tous les droits. Si, en effet, le droit de chacun découle de ses devoirs ; si tous les hommes sont obligés, non envers la liberté imparfaite et les facultés bornées de leurs semblables, mais envers la loi morale, qui assujettit toutes les volontés, ils doivent à cette loi, non-seulement de n'en pas troubler l'accomplissement, mais de le faciliter, autant qu'il est en leur pouvoir. Si je puis par moi-même remplir mes devoirs, qu'on me laisse les remplir en paix ; mais qu'on vienne à mon secours, si je ne puis me suffire à moi-même. Ce n'est pas moi qui réclame cette assistance, c'est la loi même qui me gouverne, et qui régit également tous les hommes. Or, l'homme est ainsi fait qu'il ne peut se passer d'autrui. Nous ne possédons presque rien que nous ne devions qu'à nous-mêmes : nos idées, nos sentiments, de même que tout le bien-être dont il nous est donné de jouir, sont le fruit du travail de toutes les générations.[Si vous niez le droit d'autrui à recevoir quelque chose de vous, commencez donc par restituer ces avantages immenses que vous tenez de vos semblables ; réduisez-vous à l'état misérable où se trouvait le premier homme, quand, seul et nu, il devait suffire à tous ses besoins.] Nous sommes tous débiteurs de l'humanité, qui ne peut suivre sa loi sans le concours mutuel que se prêtent tous les hommes : pour développer leurs facultés, qui sont les instruments de leurs devoirs, ils ont d'autres droits à revendiquer qu'un respect négatif et stérile.

— Mais, dit-on, la loi civile ne reconnaît pas ce droit, elle ne cherche pas à le garantir. Quand cette objection serait fondée, la loi civile n'est pas la mesure de la loi naturelle, elle n'embrasse pas tous nos droits, elle ne règle pas tous nos devoirs, et tous les objets auxquels ils s'appliquent. Mais il n'est pas vrai que l'Etat n'ait rien à faire quand il s'agit du droit à l'assistance. Y a-t-il au monde un pays civilisé, où les parents soient dispensés par les lois de prendre soin de leurs enfants ? C'est, en effet, dans la famille que le droit à l'assistance, si vainement discuté, trouve sa place la plus légitime, et son application la plus rigoureuse. Pendant bien des années, ni l'esprit ni le corps de l'enfant ne peuvent se suffire à eux-mêmes : comment pourra-t-il, plus tard, accomplir cette loi morale que Dieu lui impose comme à tous les hommes, si par lui-même il ne peut rien, non-seulement pour développer ses facultés intellectuelles, pour user de sa raison, pour armer sa volonté contre les entraînements des passions, mais pour conserver à son corps un seul jour de vie ? Il faut donc l'assister, l'environner de tendres soins, cette frêle et noble créature. Si on ne doit rien à son corps à peine formé, à peine capable d'exercer les fonctions de la vie animale ; si on ne doit rien à son âme, encore engourdie et n'agissant que par instinct, comme les plus humbles animaux, on doit tout à la loi morale, dont il va être un des ministres. C'est sa destinée morale qui réclame pour lui des secours ; c'est elle qui lui donne des droits, et même des droits plus étendus que ceux de l'homme fait : car on ne doit souvent à celui-ci que le simple respect, tandis qu'il faut à l'enfant une protection continuelle. Et, si ces droits sont méconnus, si des parents dénaturés manquent à leurs devoirs, s'ils abusent de leur autorité, qui refuserait à la société le droit de les punir ?

En dehors même de la famille, la loi de l'Etat ne laisse pas sans garantie le droit à l'assistance. Si elle n'exige pas des citoyens qu'ils s'entr'aident directement les uns les autres, c'est que la société se charge elle-même, dans beaucoup de circonstances, de pourvoir aux besoins de ses membres ; c'est qu'elle croit de son devoir de les protéger efficacement, non-seulement contre l'injustice, mais contre la misère et le vice. Voilà pourquoi Cicéron observe que les différentes relations qui unissent les hommes entre eux par des devoirs de bienfaisance, sont les vrais fondements des divers degrés de la société (1).

Une objection plus sérieuse contre le droit à l'assistance se fonde sur l'abus qu'on en a fait, en lui prêtant les caractères que possède seul le droit au respect. Ce dernier, en effet, a ordinairement pour conséquence le droit de contraindre, d'exiger par la force l'observation des devoirs négatifs auxquels il correspond. Or, si l'on admet le droit à l'assistance, ne voit-on pas déjà tous les malheureux, tous ceux qui réclament quelque service, employant la menace et recourant à la violence, pour obtenir ce qu'ils désirent ? N'a-t-on pas en perspective le plus horrible désordre ? L'histoire ne nous montre-t-elle pas ce droit et d'autres du même genre, pris pour drapeau dans les troubles civils, par les ennemis de la société ?

----

(1) *De officiis*, liv. I, chap. XVI.

Je puis répondre que le droit de contraindre ou d'employer la violence ne s'applique pas nécessairement à tous les droits, même à ceux qui sont incontestés. J'ai le droit d'être respecté dans mon honneur, comme dans mes biens, et cependant, si je repousse par la force un outrage à ma réputation, la morale et les lois me condamnent; mais, s'agit-il de défendre mes biens, j'use d'une faculté légitime. Il n'est permis d'opposer la violence qu'à la violence matérielle elle-même. Nous pouvons donc avoir le droit d'obtenir des secours, sans que ce droit implique pour nous la faculté de contraindre, car le refus le plus dur n'est pas un acte de violence.

D'ailleurs, si l'on exagère le droit à l'assistance, si l'on en tire des conséquences funestes, s'il a été, à certaines époques, une arme pour les factieux, ne peut-on pas faire le même reproche aux autres droits? La liberté, sous toutes ses formes, liberté individuelle, liberté de conscience, liberté politique, n'a-t-elle pas fait couler autant de sang que le droit à l'assistance? Faut-il aussi la repousser? Faut-il, comme le veulent certains utopistes, bannir de la morale l'idée même du droit?

Je conviens sans peine que le droit à l'assistance diffère essentiellement du droit au respect. Il est moins déterminé, il suppose des devoirs moins précis. Mon droit au respect crée pour tous les hommes les mêmes obligations envers moi; demain comme aujourd'hui,. à Londres comme à Paris, ma personne et mes biens seront toujours respectables. La quantité de respect qu'on me doit, si je puis ainsi m'exprimer, ne peut pas non plus varier: car elle est toute négative; elle consiste uniquement à ne pas me nuire. Mon droit à l'assistance est loin d'être aussi précis. Comme il ne crée pas des devoirs pour l'humanité tout entière, il faut déterminer quelles personnes me doivent des services. Or, dans la plupart des cas, en dehors des relations de la famille, cette détermination est impossible. On ne fixera pas mieux la quantité d'assistance qui m'est due.

Comme elle est susceptible de plus et de moins, elle peut varier à l'infini. Or, qui en sera juge? Je ne puis moi-même la déterminer, sans exposer les autres à des exigences immodérées, et je ne puis compter sur leur bonne volonté, sans mettre mon droit à leur merci. Mon droit existe sans doute; mais à l'égard de quelles personnes? et quels secours me permet-il d'espérer? C'est ce qu'on ne peut préciser. Il faut donc que je l'invoque avec humilité, sans rien réclamer impérieusement : j'exige qu'on me respecte, et je demande qu'on me secoure.

On a dit quelquefois que l'aumône est humiliante. Il est juste qu'elle le soit, et ceux qui s'en indignent, se font une idée fausse de sa véritable nature. Tout homme doit d'abord compter sur lui-même; quand il est forcé de réclamer des secours, c'est un aveu d'impuissance; il se place nécessairement dans une situation d'infériorité, qui ne peut que l'humilier, s'il a le sentiment de sa dignité. C'est un nouveau motif pour refuser au droit à l'assistance la faculté d'exiger et d'employer la contrainte. Il faut lui imposer, si je puis ainsi parler, une attitude modeste, le réduire, si l'on veut, au rôle de suppliant, mais non pour cela le détruire. Si chacun de nous, quand le malheur le visite, quand il a besoin d'autrui, ne doit revendiquer ce droit qu'en tremblant, et comme malgré lui, nous devons le reconnaître et le proclamer avec force, quand il s'applique à nos semblables. C'est dans ce cas qu'il serait dangereux de lui ôter tout crédit. Si nous craignons avec raison les abus qui naissent du droit, craignons aussi qu'on n'invoque ces abus pour s'affranchir du devoir.

Disons donc avec Reid que le droit à l'assistance est un droit imparfait; mais n'entendons par cette imperfection que son caractère indéterminé. Quant aux devoirs qu'il implique, ils sont aussi parfaits, aussi obligatoires que les autres. S'ils nous laissent plus de latitude, en ne fixant pas ce que nous devons, ils augmentent par là notre responsabilité. Ils nous permettent, quand nous les observons, d'aller jusqu'au dévouement, en faisant plus qu'ils n'exigent; mais ce mérite indéfini, auquel nous pouvions aspirer, s'élèvera contre nous, si nous avons négligé les occasions de l'acquérir. Malheur à celui qui ne trouve que ces mots pour sa justification : Je n'ai fait de mal à personne !

Voilà donc une forme du droit, dont l'existence est incontestable, et qui cependant ne recevra jamais un caractère assez précis, pour déterminer sûrement nos devoirs. Quoique moins large et moins vague, le droit au respect lui-même ne donnera pas à l'obligation une base plus assurée.

Je dois être respecté dans l'usage que je fais de mes facultés naturelles ou des ressources que j'ai acquises. Mais tout n'est pas respectable en moi : car autrement le droit se contredirait lui-même, puisque je puis user de mes forces, pour m'opposer aux droits d'autrui. Il faut donc une limite. Or, je soutiens que cette limite ne peut être fixée d'une manière absolue, d'après l'idée seule du droit ou d'après des principes rationnels.

On la cherche quelquefois dans le droit lui-même, et l'on dit qu'il ne faut pas nuire aux droits d'autrui. Mais on tourne dans un cercle : car ces droits eux-mêmes, auxquels il ne faut pas nuire, qui en fixera la limite?

D'autres la cherchent dans la liberté, et ils retranchent du droit tout ce qui ne s'accorde pas avec la liberté d'autrui. Mais, s'ils entendent par là tout usage de la liberté, leur théorie est évidemment fausse : car j'ai souvent le droit d'empêcher les libres actions d'un malhonnête homme, si elles sont dangereuses ou criminelles. Entend-on, au contraire, la liberté comme un droit? C'est le même cercle vicieux que dans la théorie précédente.

D'autres, enfin, donnent pour limite au droit ce qui pourrait nuire à autrui. Mais comment connaît-on ce qui est nuisible, si ce n'est par expérience? Voilà donc le droit, dans sa détermination, livré à tous les hasards, à toutes les variations des notions purement empiriques.

Une théorie plus profonde place dans le devoir même la limite du droit. Cette théorie a quelque chose de vrai ; elle est conforme à l'origine du droit; mais elle ne lui donne pas encore la limite précise dont elle a besoin. Si on ne devait respecter mon droit que lorsque je fais mon devoir, on pourrait user de violence envers moi toutes les fois que j'agirais mal : que deviendrait alors ma liberté ? Quand la loi morale s'impose à notre volonté, elle nous donne le droit de réclamer certaines garanties essentielles, dont la principale est la liberté. Or, la conséquence de la liberté, c'est la faculté de faire le mal. Cette faculté peut donc, dans certains cas, devenir elle-même un droit, qu'on est tenu de respecter. L'idée seule du devoir ne permet donc pas de fixer le point précis où la liberté cesse d'être inviolable.

D'ailleurs, il ne suffit pas qu'en un cas donné, on aperçoive clairement la limite du droit, il faut que cette limite soit connue d'avance de tous ceux qu'elle intéresse. En effet, lorsque j'agis, mon droit se trouve en face des droits d'autrui. Si je l'exagère ou s'ils exagèrent les leurs, un conflit est inévitable, et c'est alors la force qui décide. Mais quoi de plus contraire au droit que le triomphe de la force ? Si Pascal veut railler la justice humaine, il montre la force contredisant la justice, disant qu'elle est injuste, et que c'est elle qui est juste : et ainsi, ajoute-t-il, « ne pouvant faire que ce qui est juste soit fort, on a fait que ce qui est fort soit juste (1). » Pour éviter ces conflits, pour que le droit ne soit pas à la merci du plus fort, nous devons savoir clairement, avant de rien entreprendre, si nous pouvons compter sur le respect de nos semblables. Autrement nous sommes à leur merci, comme ils sont à la nôtre ; ils sont juges de nos droits et de nos devoirs, et nous cessons par conséquent de nous appartenir à nous-mêmes.

---

(1) *Pensées*, édit. Havet, p. 75.

Or, où trouver cette limite, connue et acceptée d'avance de ceux dont elle fixe les droits, si ce n'est dans l'état social, sous l'empire d'une loi positive ? Il faut, en effet, pour que le droit subsiste, pour qu'il ne soit pas livré aux hasards de l'état de guerre, un engagement exprimé ou tacite, de la part de tous les hommes, de le reconnaître dans certains cas, et de s'abstenir envers lui de toute atteinte criminelle. Cet engagement, c'est la soumission aux institutions civiles. Cette soumission n'est pas facultative ; elle est une des conditions de l'exercice de tous les droits ; elle est un véritable devoir. « On commet une très-grande injustice, dit Kant, en voulant vivre et rester dans un état qui n'est pas juridique, c'est-à-dire, où personne n'est assuré du sien contre la violence (1). »

L'existence de la loi civile est donc nécessaire pour déterminer les droits individuels. Elle est elle-même un droit véritable pour tous les individus à l'égard les uns des autres. Elle est, en un mot, pour le droit ce qu'est le droit pour le devoir, sa garantie indispensable.

On a dit quelquefois qu'il n'y a point d'autres droits que ceux que la loi confère. On pourrait dire, du moins avec raison, que les seuls droits qu'on puisse revendiquer sont ceux qui sont limités par la loi. Cette maxime équivaut en réalité à cet autre principe qu'on lui a souvent opposé : *Il n'y a pas de droit contre le droit.* Si la protection de la loi civile est pour tous les hommes un droit essentiel, si elle seule peut limiter tous les droits particuliers, aucun ne saurait prévaloir contre elle.

On voit par là combien on doit craindre d'invoquer des droits absolus, antérieurs et supérieurs aux lois positives. Ces droits existent sans doute, mais leur limite n'est pas fixée, et ne peut l'être que par les lois. Ils sont donc par eux-mêmes des principes vagues et incomplets, qu'on ne

---

(1) *Eléments métaphysiques du droit*, traduction de M. Barni, p. 60.

peut invoquer sans s'exposer à les outre-passer, et qu'en présence des droits positifs, déterminés par l'état social, il vaut mieux laisser dans l'ombre.

Aussi, pour tous les droits que la loi civile n'a pas définis, nous devons être portés à les amoindrir nous-mêmes, si nous en réclamons l'usage ; à les exagérer, au contraire, s'ils appartiennent à autrui. Nous devons surtout éviter d'en faire la mesure de nos devoirs : les maximes obligatoires de la morale naturelle se manifestent plus clairement à notre esprit, quand nous interrogeons notre conscience, qu'au travers des droits correspondants, s'ils ne sont pas réglés par l'autorité d'un législateur.

Mais, si cette idée du droit, qui, de tous les principes rationnels, est pour nous le plus précieux, quand nous voulons déterminer exactement nos devoirs, ne peut être définie avec précision que sous l'empire des institutions humaines, faudra-t-il aussi chercher dans ces institutions l'origine de l'obligation morale ? Il convient d'examiner cette dernière hypothèse. Quoique la loi civile ne soit pas un principe rationnel, puisqu'elle est établie par les hommes, cet examen se lie naturellement aux considérations qui précèdent sur l'autorité pratique des conceptions de la raison : car c'est à la raison qu'on demande ordinairement la connaissance des principes absolus sur lesquels reposent les droits de l'Etat.

CHAPITRE QUATRIÈME.

DE LA LOI CIVILE.

Hobbes et Rousseau ne reconnaissent ni devoirs ni droits antérieurs à l'établissement des sociétés. Ils supposent un prétendu état de nature, étranger à toute règle obligatoire, et qui aurait été en proie aux horreurs de la guerre, selon le premier de ces philosophes, tandis que, suivant le second, il aurait joui des délices de l'âge d'or. On a mille fois réfuté ces systèmes, qui ne sauraient aboutir qu'à la négation de toute morale, s'ils ne reposaient pas sur une pétition de principe. En effet, ou l'on n'est pas obligé d'obéir aux lois sociales, et alors elles ne peuvent ni assurer les droits de l'homme, ni lui imposer des devoirs, ou cette obligation est antérieure aux lois elles-mêmes, et les systèmes de Hobbes et de Rousseau sont ruinés par la base.

Mais, si les droits de l'État ne vont pas jusqu'à créer tous nos devoirs, c'est du moins la loi civile qui détermine, comme on l'a vu, les conditions et les limites dans lesquelles s'exercent nos droits. L'autorité des lois a donc une place légitime parmi les principes de la morale, et nous achèverons de nous rendre compte du vrai fondement de l'obligation, si nous reconnaissons d'où vient cette autorité, où elle puise ses titres à notre respect.

Ceux qui pensent que la raison a par elle-même toutes les lumières et même tous les droits nécessaires non-seulement pour connaître nos devoirs, mais pour nous les imposer, sont conduits naturellement à lui attribuer dans les sociétés humaines une véritable souveraineté. Il y a dans cette théorie un côté parfaitement juste. La raison reconnaît la nécessité de la loi civile pour préciser et pour garantir les droits naturels des hommes : c'est donc un jugement rationnel qui nous fait comprendre l'obligation de nous soumettre aux pouvoirs publics. Mais rappelons-nous comment la raison reconnaît cette nécessité de la loi. Tout devoir suppose des droits correspondants ; or tout droit a besoin d'être fixé par des institutions positives : ces institutions sont donc nécessaires, et tous les hommes sont obligés de les respecter. C'est donc l'idée même du devoir qui sert de principe aux droits de l'État, et la raison ne peut se fonder sur ces droits pour expliquer l'origine du devoir.

Quand on parle de la souveraineté de la raison, on ne borne pas son rôle à reconnaître la nécessité de la loi civile comme une vérité absolue : on veut qu'elle trace, d'après des principes immuables, les institutions fondamentales de l'État, qu'elle fixe ses droits et ses devoirs. Peu de mots suffiront pour faire justice de cette ambitieuse prétention.

Il est certain que nous avons le droit, dans notre for intérieur, de juger librement les lois humaines. Nous pouvons rechercher les meilleurs systèmes de législation, apprécier les défauts des lois existantes, et les réformes dont elles sont susceptibles. Nous pouvons, en un mot, dans une certaine mesure, nous faire une idée des devoirs de l'État, et il nous est permis de nous indigner, quand ils sont méconnus par les pouvoirs publics. Aucune puissance au monde ne peut m'empêcher de trouver mal ce qui est mal, injuste ce qui est injuste, déraisonnable ce qui choque ma raison. Mais, quand je me serai convaincu que la loi de mon pays est cruelle, tyrannique et funeste, je n'en devrai pas moins reconnaître que c'est la loi et qu'elle a droit à mon obéissance : *Dura lex, sed lex.*

Si je devais en effet consulter ma raison sur la valeur de chaque commandement, je détruirais la nécessité de la loi. Cette nécessité suppose en effet que nos facultés naturelles sont impuissantes pour fixer les limites de nos droits, et que notre appréciation individuelle livrerait à notre merci les droits de nos semblables, qui ont besoin d'une protection efficace. Si je marchande à la loi mon obéissance absolue, je me révolte en réalité, non contre ses abus ou ses imperfections, mais contre son principe : j'élève mon droit personnel au-dessus des droits de tous, que représente la puissance civile : je dispose à mon gré du bien commun de la société tout entière.

Ma raison n'a donc en général qu'un rôle à remplir dans mes rapports avec les lois humaines : elle m'apprend et me démontre que je suis obligé de les respecter et de les observer fidèlement. Mais, dans mes actes particuliers de soumission et de respect, je ne dois consulter que les lois elles-mêmes, sans les discuter, sans considérer autre chose que leur autorité souveraine.

Je n'ai donc pas le droit d'imposer à mes concitoyens les institutions que ma raison juge les plus parfaites, ni de refuser mon obéissance aux lois qui sont contraires à mes principes. Mais, dira-t-on, si mes droits personnels sont mutilés ou anéantis par les institutions de l'État? Je ne dois pas moins obéir : car il n'appartient qu'à la loi civile de définir mes droits et d'en marquer les limites, et je ne puis par conséquent les revendiquer contre elle. Mais, si mes droits sont foulés aux pieds, n'est-ce pas mon devoir lui-même qui est supprimé par une loi injuste, puisqu'il a sa garantie dans mes droits? Que dois-je faire quand on veut m'empêcher de remplir mes devoirs, ou qu'on me commande un acte immoral? Dans ce cas seulement la résistance est permise, elle peut même être obligatoire : car aucune loi ne peut prévaloir contre la loi suprême, qui nous commande d'être honnêtes. Mais, en refusant d'obéir, nous ferons notre devoir, simplement, sans éclat, sans osten-

tation, sans que notre résistance ait l'apparence d'une révolte. On ferme les temples où nous célébrons notre culte :
nous cesserons de les fréquenter, car ce n'est qu'une restriction qu'on apporte à notre droit. Mais on nous défend
de plus toute réunion, toute cérémonie religieuse : nous
continuerons à honorer Dieu, car ici c'est notre devoir
qu'on prétend détruire ; mais nous n'irons pas provoquer
nos ennemis dans leurs temples : nous attendrons paisible-
ment qu'ils viennent nous frapper, et, sans chercher le mar-
tyre, nous serons prêts à le recevoir.

Ainsi, quand les lois humaines choquent le plus notre raison, quand nous ne pouvons les observer sans crime, nous
n'avons que le droit de préférer la prison ou la mort à l'a-
bandon de nos devoirs ou à des actes répréhensibles. Mais,
dans la plupart des cas, notre raison ne doit pas même s'offenser des imperfections des lois, ni les taxer d'injustice.
Il est naturel qu'elles varient, puisqu'elles sont l'œuvre des
hommes, et qu'elles portent nécessairement l'empreinte
des préjugés, des passions, des caprices de leurs auteurs.

Quand on supposerait un législateur infaillible, on
ne pourrait encore lui demander des lois parfaites et immuables. Pour fixer les droits des hommes, il ne peut s'appuyer sur aucun principe absolu, sans en excepter le devoir:
car il y a des actions qu'on n'a pas le droit d'empêcher,
bien qu'elles soient contraires au devoir. Il faut qu'il joigne
l'expérience à la raison, pour apprécier l'état moral des
peuples, leurs vices ou leurs vertus : quand les hommes
sont enclins à l'injustice, leurs droits doivent être resserrés
dans les limites les plus étroites : car l'abus qu'ils en feraient les exposerait sans cesse aux plus funestes divisions ; s'ils sont au contraire innocents et vertueux, il faut
étendre ces limites : autrement on gênerait leur liberté, au
préjudice de leurs devoirs. Faut-il donc s'étonner des variations du droit civil, et, malgré l'éternité, l'universalité de
son principe, ne devons-nous pas les accepter comme une
condition qui lui est inhérente ?

Il n'appartient pas davantage à la raison de déclarer d'une manière absolue quelle est la meilleure forme de gouvernement. Le meilleur gouvernement est celui qui offre aux citoyens les garanties les plus efficaces pour le maintien de tous leurs droits. Mais ces garanties ne varient pas moins que les droits eux-mêmes; elles dépendent, comme eux, du caractère, des mœurs, des habitudes des peuples. Tel peuple est assez éclairé et assez honnête pour qu'il puisse sans danger se gouverner lui-même ; tel autre sera déchiré par de continuelles discordes, tant qu'il ne sera pas soumis à la domination d'un seul. Il faut donc rejeter comme une chimère l'idée d'une législation et d'un pouvoir législatif déterminés *à priori* par la seule raison.

Si la souveraineté absolue de la raison pouvait se réaliser, ce serait dans la République de Platon. La cité idéale de Platon est en effet organisée sur le modèle de l'âme humaine ; trois classes de citoyens personnifient nos facultés : les artisans exercent des fonctions analogues à celles des appétits grossiers ; les guerriers représentent le courage et les nobles sentiments, et enfin le pouvoir suprême appartient aux magistrats, qui tiennent la place de la raison. Mais ces trois classes, comme les facultés auxquelles elles correspondent, ne sont que des abstractions. L'âme humaine est un tout indivisible; chaque homme la possède tout entière ; nous ne voyons pas, dans les différentes classes de la société, ici la raison, là le cœur, ailleurs les basses passions ; mais, partout, des hommes imparfaits, dont les âmes offrent presque toujours un mélange confus de vertus et de vices, de bon sens et de penchants aveugles. Aussi, pour élever ses deux premières classes au-dessus de la troisième, Platon les place en quelque sorte en dehors de l'humanité, en supprimant pour elle la propriété et la famille.

Les publicistes modernes n'ont soutenu en général que deux théories absolues sur l'origine des gouvernements : la première attribue la souveraineté au peuple entier ; la seconde, à la volonté de Dieu.

La souveraineté du peuple peut s'entendre de diverses manières. Il y a d'abord trois sens dans lesquels elle est parfaitement acceptable : un peuple est souverain, quand il s'appartient à lui-même, quand il ne dépend pas d'un autre peuple; il est également souverain, quand les droits de tous les citoyens, sans exception, sont garantis et protégés par les institutions civiles, qui établissent entre eux la seule égalité légitime, l'égalité devant la loi; enfin la souveraineté émane réellement du peuple entier, si tous les citoyens sont d'accord pour obéir aux autorités constituées, s'il n'y a aucun déchirement intérieur, aucune guerre civile. Les deux premiers sens expriment des droits véritables, appartenant aux nations, et fondés sur leurs devoirs : car les sociétés humaines, pour accomplir leur mission, doivent, aussi bien que les individus, se posséder elles-mêmes et mettre leur liberté à l'abri de toute atteinte, et, d'un autre côté, elles doivent assurer à chacun de leurs membres, la jouissance des droits naturels que les lois sont appelées à sauvegarder. Si la raison accepte ces deux premiers sens de la souveraineté populaire, c'est donc toujours au nom de l'idée supérieure du devoir. Quant au troisième sens, il n'exprime qu'un fait et non un droit. Aucune autorité ne subsiste, si ses sujets ne veulent pas la reconnaître; mais ce refus d'obéissance n'a par lui-même rien de légitime. Tout appel à la guerre civile, toute révolte contre la loi, est un attentat contre les droits d'autrui, que la loi seule peut protéger. Que ce soit le crime d'un seul ou celui de quelques hommes, que ce soit même le crime d'une majorité opprimant une minorité trop faible, l'attentat est toujours le même; le nombre de ses complices ne le justifie pas, mais le rend au contraire plus odieux, en y joignant l'abus de la force. La souveraineté du peuple existe donc, en droit, dans l'indépendance du peuple à l'égard des autres nations, et dans l'égalité de tous les citoyens devant la loi; elle se réalise, en fait, dans l'adhésion nécessaire du peuple entier aux pouvoirs qui le gouvernent.

Mais c'est dans un autre sens qu'on entend genérale-
ment la souveraineté populaire. On prétend qu'aucune loi
n'est légitime si elle n'est l'expression de la volonté collective de tous les citoyens.

Pour justifier cette proposition, on suppose qu'un peuple n'est obligé d'obéir qu'aux lois qu'il a librement con-
senties. Voici comment Kant explique ce prétendu principe : « On peut toujours, dit-il, faire quelque injustice à
autrui, mais non pas à soi-même, puisqu'un être libre s'appartient complétement. » Or, quand le peuple entier fait la
loi, chacun décide la même chose pour tous et tous pour
chacun, en sorte que, si l'on était injuste envers les autres,
on le serait en même temps envers soi-même : il n'y a donc
que la volonté collective de tout le peuple qui puisse, sans
injustice, être législative (1).

Il est aisé de réfuter cette explication : l'injustice ne consiste pas à faire tort à une personne, mais à violer en elle
le droit, le devoir, la loi morale. Or, je puis aussi bien
méconnaître ces principes sacrés en moi-même que dans
autrui. Je puis donc véritablement être injuste à mon
égard, je puis manquer aux obligations qui me lient envers
moi-même, ou plutôt envers la loi, dont ma conscience est
l'interprète et que ma volonté est chargée d'exécuter. Par
conséquent, si je prends part à une décision législative qui
soit contraire à mes devoirs, elle aura beau peser sur moi-
même aussi bien que sur les autres, elle n'en sera pas moins
injuste, et, loin d'être obligé de la respecter, je suis criminel
en l'exécutant. On ne peut dans ce cas m'appliquer le pro-
verbe : *Patere legem quam fecisti.*

On suppose en second lieu que le peuple consent librement à reconnaître pour loi la volonté du plus grand nombre (2). Comme il est impossible de mettre tout un peuple

___

(1) *Éléments métaphysiques du droit*, p. 169.
(2) *Contrat social*, liv. IV, chap. 2.

d'accord, il faut nécessairement que la majorité décide. Or comment la loi serait-elle instituée par tous, si tous ne consentaient d'avance à se soumettre à la majorité? Mais rien ne prouve la réalité de se consentement indispensable : il y aura toujours des hommes, au sein des minorités, qui protesteront contre la tyrannie brutale du nombre.

On suppose enfin que la volonté générale est toujours droite et ne peut jamais errer (1). Mais, si l'on peut admettre que la volonté humaine tend ordinairement au bien, quand ses décisions ont un caractère général, et ne sont pas influencées par l'intérêt individuel, il y a pourtant des passions qui peuvent égarer tout un peuple ; il y a surtout des préjugés, des ignorances, des fanatismes, souvent plus dangereux que tous les penchants égoïstes. Aussi les plus grands moralistes ont-ils assimilé le despotisme de la foule à celui d'un tyran. On sait le triste tableau que fait Platon des excès d'une démocratie effrénée, quand de perfides échansons ont versé au peuple jusqu'à la lie le vin pur de la liberté. (2). Fénelon n'est pas moins explicite : « Le despotisme tyrannique des souverains est un attentat aux droits de la fraternité humaine...; le despotisme de la multitude est une puissance folle et aveugle qui se tourne contre elle-même ; un peuple gâté par une liberté excessive est le plus insupportable des tyrans (3).

Que faut-il donc penser de ce pouvoir souverain qu'on attribue au peuple entier? Ce n'est pas un principe absolu, antérieur et supérieur à toute institution positive ; mais c'est une forme de gouvernement, qui peut être parfaitement légitime. Elle annonce chez un peuple, lorsqu'il est capable de la supporter, la sagesse, la virilité, la possession de soi-même, toutes les vertus politiques, suivant la

(1) *Contrat social*, liv. II, chap. III.
(2) *République*, liv. VIII.
(3) *Conseils au prétendant*.

brillante théorie de Montesquieu. Lors même qu'elle n'est pas entièrement réalisée, elle peut être le principe de plusieurs gouvernements tempérés, qui, sous une assemblée législative, ou même sous un monarque, cherchent dans les suffrages du peuple, dans ses idées, dans ses aspirations, la source de toutes les lois. Mais aucun principe ne permet de l'imposer à toutes les nations.

Si la souveraineté n'appartient pas au peuple, on est conduit à la chercher en Dieu même. Il est certain qu'aucune forme de gouvernement ne s'établit sur la terre sans la permission de *Celui qui règne dans les cieux, et de qui relèvent tous les empires.* C'est lui, pour continuer à citer Bossuet, qui élève les trônes et qui les abaisse ; c'est lui, en un mot, qui est, en fait comme en droit, le véritable souverain du monde. Cette idée de la souveraineté de Dieu exprime un fait incontestable pour quiconque n'est pas athée : la nécessité d'une permission divine, conforme aux desseins éternels de la Providence, pour l'accomplissement de toutes les révolutions qui changent la face de la terre.

Mais faut-il entendre la souveraineté de Dieu dans le sens de ce principe, qu'on appelle le *droit divin*, qui attribue à certaines familles ou à certaines formes de gouvernement des droits absolus sur les peuples, en vertu d'un acte exprès de la volonté du Créateur? Le plus grand vice de ce système, c'est qu'il ne repose que sur une hypothèse : « Si Dieu nous donnait des maîtres de sa main, dit Pascal, oh ! qu'il faudrait leur obéir de bon cœur (1) ! » Mais, sauf dans l'Histoire sainte, on ne voit jamais Dieu intervenant directement pour faire choix de certaines familles, et les appeler au gouvernement des peuples. Toutes les révolutions qui renversent ou qui fondent les institutions des Etats, quoique Dieu les autorise, quoiqu'il les fasse concourir au progrès universel, n'en sont pas moins l'œuvre des hommes, et la conscience a le droit de les juger, d'en condam-

(1) *Pensées*, édit. Havet, p. 395.

ner ou d'en absoudre les motifs ou les actes. Qu'on ne se laisse pas aveugler par le concours qu'elles semblent prêter aux desseins providentiels. « Dieu, dit saint Augustin, ne permettrait en aucune manière qu'il y eût du mal dans ses œuvres, s'il n'était pas assez puissant et assez bon pour faire sortir le bien du mal lui-même (1). » Mais le mal est toujours le mal, et ne peut être absous par la considération des avantages qui en résultent. Qu'on ne soit pas non plus abusé par cette intervention de Dieu dans la direction des affaires humaines. La volonté divine tient dans sa main tous les empires ; mais tout ce qu'elle permet n'est pas son œuvre immédiate et n'est pas légitimé par son concours. Il en est des gouvernements qu'elle impose quelquefois aux peuples, comme des fléaux qu'elle leur inflige.

Mais, soit que les gouvernements établis soient un bienfait du ciel, une épreuve ou un châtiment, c'est toujours un crime de se révolter contre eux. Pendant une guerre civile, quand l'unité de la société est rompue momentanément, on peut choisir entre les partis qui se disputent le pouvoir ; c'est même un devoir de le faire : car celui qui s'abstient, est responsable de tous les maux qu'il n'empêche pas, et tout homme de bien, placé entre deux causes dont ni l'une ni l'autre n'a son approbation, doit cependant observer la loi de Solon, qui ordonnait, sous peine d'infamie, de prendre parti dans les troubles de l'Etat. Mais, quelque parti qu'on ait embrassé, on est obligé, après la fin de la lutte, de reconnaître la loi du vainqueur. Si ce devoir n'existait pas, on aurait le droit de prolonger indéfiniment la dissolution de la société, et d'empêcher à jamais la formation définitive d'un Etat juridique et légal. Ce droit contredirait évidemment le devoir qui nous est imposé de faire partie d'une société constituée. Il serait en même temps contraire à tous les droits des hommes, qui ont besoin, pour subsister, d'être

---

(1) *De fide, spe et caritate,* cap. VIII.

consacrés par la loi civile. « Quand une révolution a une fois eu lieu, dit Kant, et qu'une nouvelle constitution est fondée, l'illégalité de son origine et de son établissement ne saurait dispenser les sujets de l'obligation de se soumettre en bons citoyens au nouvel ordre de choses, et ils ne peuvent honnêtement refuser d'obéir à l'autorité qui possède actuellement le pouvoir (1). »

Le véritable souverain, c'est donc pour nous le devoir suprême qui nous commande de vivre au sein d'une société légale, et de chercher dans les lois positives qui la régissent, la garantie et la limite de nos droits naturels. Mais d'où vient le devoir lui-même? Ni l'autorité de la raison, ni celle de la loi civile, ni aucun principe rationnel, n'ont pu expliquer l'origine de l'obligation. Supposerons-nous que ces idées abstraites d'obligation et de devoir, subsistent par elles-mêmes, qu'elles suffisent pour fonder les Etats et pour commander aux peuples de se soumettre aux gouvernements établis? N'est-il pas plus naturel de faire dériver le devoir de la volonté d'un être vivant? Si tout droit et tout devoir émanent de la volonté divine, c'est alors que Dieu est véritablement le souverain des peuples. Non-seulement il fonde ou renverse les Etats, mais c'est lui qui nous oblige à obéir à leurs lois, et tous les hommes, comme dit Leibnitz, forment ainsi une société générale sous le gouvernement de Dieu (2).

---

(1) *Eléments métaphysiques du droit*, p. 183.
(2) *Monita ad Pufendorfii principia*, § 4.

CHAPITRE CINQUIÈME.

DE LA NATURE HUMAINE.

Tous les principes que j'ai passés en revue, l'ordre universel, le bien, le juste, les droits parfaits et imparfaits, la loi civile, loin d'expliquer l'origine de l'obligation, n'ont pu être définis avec précision qu'au moyen de l'idée du devoir. L'observation de notre nature, de nos facultés, de nos actions et de leurs motifs, nous conduira aux mêmes conséquences.

Si nos devoirs résultaient de notre nature, ils dériveraient en réalité de la volonté de Dieu, puisque c'est Dieu qui nous a créés. En vain se fait-on des idées abstraites de la nature humaine, de ses facultés, de leurs opérations et des propriétés qui leur appartiennent nécessairement; en vain se sert-on de la raison, et non de l'expérience, pour reconnaître entre ces idées des rapports éternels, sans supposer autre chose que la possibilité de leurs objets : c'est la volonté de Dieu qui réalise tous les possibles; c'est donc également la volonté de Dieu qui donne l'être à tous les attributs qui sont compris nécessairement dans nos idées abstraites. Si les propriétés des angles et des triangles, ainsi que de toutes les figures de la géométrie, découlent de l'idée pure de l'étendue, Dieu seul, en réalisant l'étendue, peut créer les triangles et les angles. De même, si l'idée de la nature humaine contient la notion d'obligation, c'est Dieu qui fait naître l'obligation, en formant la nature humaine avec tous ses attributs essentiels. L'obligation ne devient donc un objet de la raison que si elle a son origine dans la volonté du créateur.

Mais laissons de côté cette objection préjudicielle, et considérons séparément chacune des idées dont on veut faire la source de l'obligation morale.

Qui ne connaît la fameuse formule des stoïciens : *Sequere naturam?* Mais qui ne sait aussi qu'ils n'entendaient par là que la nécessité de suivre la droite raison? En effet, tout n'est pas bon dans la nature humaine, puisqu'elle est pleine d'imperfections. Si on ne la mutile pas, comme faisaient les stoïciens, qui déclaraient contre nature tout ce qui choquait leur système, il faut faire la part des vertus ou des vices, pour discerner en nous ce qui doit nous obliger. Or, qui nous guidera, si ce n'est la considération même de nos devoirs? Nous ne sommes pas obligés de faire tout ce qui est sage ou tout ce qui est bon, mais seulement ce qui est conforme à nos devoirs. Ainsi, l'idée même du devoir que nous prétendons faire sortir des éléments confus de notre nature, nous servira à distinguer en nous-mêmes des principes obligatoires. Quel cercle vicieux plus manifeste !

Que veut-on dire, en réalité, quand on affirme que notre nature nous fait une loi de certaines actions? Cela signifie évidemment que nous sommes obligés, dans notre conduite, de nous conformer aux attributs les plus parfaits de la nature humaine ; mais on n'en peut rien conclure, quant à l'origine même de cette obligation.

Considérons en particulier chacune de nos facultés. Si nous prenons la raison, nous retombons dans une théorie qui a déjà été réfutée. Quoique la raison connaisse la loi morale et tous les objets qui s'y rattachent, elle ne peut, par elle-même, nous imposer l'obligation d'obéir à cette loi ou de réaliser ces objets. Nous adresserons-nous au cœur? Il renferme une foule de sentiments sans cesse en lutte les uns avec les autres, et dont aucun ne saurait produire des obligations nécessaires et invariables. Enfin, la volonté elle-même ne s'oblige à certains actes qu'après avoir reçu d'une puissance supérieure les ordres absolus qu'elle se fait une loi d'exécuter : c'est, comme on l'a vu, la diviniser que de lui attribuer l'origine des devoirs qu'elle doit accomplir.

Il y a sans doute un rapport nécessaire entre la volonté de l'homme et l'obligation morale. Si nous ne voulons pas toujours nous assujettir à faire notre devoir, nous y sommes du moins toujours obligés. Nous ne pouvons pas nous représenter notre volonté complétement abandonnée à elle-même, sans règle, sans loi, sans devoirs. Il faut donc nécessairement qu'elle ait à remplir certaines obligations ; mais qui les lui imposera, si ce n'est celui qui l'a créée ? Nous sommes ainsi ramenés à regarder la volonté de Dieu comme le principe de l'obligation.

On a souvent cherché dans la destinée humaine l'origine des devoirs de l'homme. Kant nous montre dans l'accomplissement de la loi morale la réalisation de notre fin ; mais notre destinée, dans son système, n'est que la possession de nous-mêmes : nous sommes à nous-mêmes notre propre fin, quand nous sommes tout à fait libres, quand nous exerçons sur nos actions un empire absolu. En invoquant cette idée d'une fin, Kant n'a donc pas la prétention d'introduire une idée nouvelle. C'est notre liberté qui fait notre destinée ; c'est par conséquent notre liberté qui est le principe de l'obligation. Il est inutile de revenir sur la réfutation de cette théorie.

Mais on voit généralement dans notre destinée autre chose que cette liberté indéterminée, qui doit être, suivant Kant, la fin de nos actions. On la fait dériver de nos penchants, de nos dispositions naturelles, de nos facultés intellectuelles ou physiques : tous ces éléments de notre nature ont leurs fins, qu'il faut rechercher, et qui contribuent à l'entier accomplissement de notre destinée. Nous devons donc étudier toutes nos tendances naturelles, pour reconnaître la fin qu'elles sont destinées à réaliser, et les devoirs qu'elles nous imposent. C'est ainsi que M. Jouffroy avait posé ce problème de la destinée humaine, dont il a si éloquemment expliqué l'importance, mais qu'il n'a pas eu le temps de résoudre.

Je remarquerai d'abord, avec M. Jules Simon (1), qu'en faisant dériver notre destinée, et, par suite, nos devoirs de nos penchants naturels, on donne à la morale une base tout à fait empirique. Nos tendances, nos facultés, nos instincts, sont des faits; leurs fins générales et particulières ne sont également que des faits : les devoirs qu'on en peut déduire n'auront donc qu'un caractère contingent et relatif. Or, si la destinée humaine n'est conçue que d'une manière empirique, elle nous apparaît comme un pur phénomène, et par conséquent comme un effet de la volonté de Dieu. On ne réussirait donc qu'à fonder l'obligation morale sur la volonté divine, en la fondant sur la destinée humaine; mais on la dépouillerait en même temps de son caractère universel et absolu; on la ferait dépendre de la seule expérience, tandis qu'elle doit nécessairement être conforme à la raison.

Je pourrais me contenter de cette conséquence, mais je puis montrer que l'idée d'une destinée n'éclaire en aucune façon la question de l'obligation.

On part d'abord d'une hypothèse qu'il faudrait justifier, quand on suppose que toutes nos tendances contiennent notre fin nécessaire. Dieu aurait pu nous donner des inclinations vicieuses, contre lesquelles nous aurions à lutter dans l'accomplissement de notre destinée. Ces inclinations seraient appropriées au but qu'il se proposerait, qui pourrait être d'éprouver notre vertu, et sa souveraine sagesse serait ainsi hors de cause; mais, quant à nous, nous n'aurions pas à suivre toutes les tendances qu'il nous aurait données. Il nous faudrait alors une lumière pour discerner

_____

(1) *Le Devoir*, 3e part., chap. III.

les bons et les mauvais penchants ; et d'où nous viendrait
cette lumière, si ce n'est de la considération de nos devoirs?

Admettons cependant que notre destinée soit déterminée
par l'ensemble de nos tendances. Ce but suprême de notre
vie, qui résulte à la fois des inclinations de notre cœur, des
besoins de notre intelligence et des lois imposées à notre
volonté, embrasse une foule d'éléments qui sont étrangers
au devoir et même à toute la morale. Nous avons, par
exemple, une soif insatiable de bonheur : aucune tendance
ne nous est plus naturelle. Aussi presque tous les philosophes ont fait entrer le bonheur dans la notion de notre destinée ; mais faut-il approuver ceux qui regardent comme un
devoir la poursuite du bonheur?

Pour échapper à cette difficulté, nous devons distinguer
dans notre destinée des éléments essentiels qui ne dépendent pas de nous. Notre bonheur est de ce nombre : nous
pouvons y tendre sans cesse, mais non l'obtenir à notre
gré, et tous les moyens que nous employons, paraissent
fragiles et impuissants, quand nous songeons au souverain
maître, qui peut, quand il lui plaît, déjouer nos efforts.
Mais il y a d'autres éléments qui sont tout à fait en notre
pouvoir : telle est la pratique du bien. C'est là proprement
notre destinée morale, celle que nous sommes chargés
d'accomplir par nous-mêmes : il ne faut pas chercher ailleurs la source de nos devoirs.

Mais notre destinée, ainsi entendue, est encore trop
vaste pour servir de fondement à l'obligation morale. Le
caractère principal du but qui nous est proposé, est de se
reculer sans cesse et de n'avoir point de bornes. De même
que notre bonheur, quelque grand qu'on le suppose, nous
laisse toujours un sentiment d'amertume, qui nous en fait
sentir le vide, et qui nous porte malgré nous à en souhaiter
un plus parfait; de même, dans les actions qui dépendent
de notre volonté libre, quelques efforts que nous ayons
faits, nous en trouvons toujours de nouveaux à faire; quelque somme de connaissances que nous ayons acquise, nous

souffrons toujours de notre ignorance, en présence des mystères inépuisables qu'il nous reste à pénétrer ; quelques vertus sublimes que nous ayons pratiquées, nous conservons toujours le sentiment de notre faiblesse, en contemplant le divin modèle dont nous cherchons à nous rapprocher. Dans quel moment de sa vie l'homme le plus parfait oserait-il dire que sa tâche est tout à fait remplie, qu'il n'a plus rien à faire, pour développer son intelligence, pour fortifier sa volonté, en un mot, pour accomplir sa fin? C'est dans la contradiction entre cette destinée infinie, à laquelle nous aspirons, et notre imperfection présente, que les philosophes voient la plus forte preuve de l'immortalité de l'âme, et les théologiens, la confirmation de notre chute originelle.

Mais, si nous conparons à cette destinée sans limites la loi sacrée du devoir, nous n'avons plus devant nous un but, qui s'éloigne constamment, un idéal placé hors de notre portée, et qui nous appelle à des progrès indéfinis ; mais un commandement exprès, qui nous prescrit certaines actions, qui nous en défend d'autres, qui limite, en un mot, l'usage de notre liberté. Qui pourrait me condamner, pour n'avoir pas acquis toutes les connaissances dont j'étais capable, toutes les vertus auxquelles j'étais appelé, pour n'avoir pas suivi complétement ma véritable vocation? Mais qui, d'autre part, oserait m'absoudre, si j'avais manqué à un devoir tout à fait rigoureux? Il faut donc restreindre encore l'idée de notre destinée, si l'on veut qu'elle soit le principe de nos devoirs ; il n'y faut comprendre que les actions, qui, non-seulement dépendent de nous, mais que nous sommes obligés d'accomplir. Mais, si l'obligation morale détermine notre destinée, comment pourrait-elle y trouver son principe?

C'est en considérant nos actions elles-mêmes, et non leur destination, que nous pourrons expliquer leur caractère obligatoire. Mais l'obligation morale n'est pas pour nos actions une propriété renfermée dans leur essence : aucun acte n'est l'objet d'un devoir, si nous n'en sommes pas responsables, c'est-à-dire, si nous ne sommes pas libres de l'accomplir, et s'il ne nous apparaît pas comme ordonné ou interdit. « La notion abstraite d'obligation ne représente donc, dit Reid, ni une qualité de l'acte, considéré en lui-même, ni une qualité de la personne, considérée indépendamment de l'action, mais une certaine relation entre l'action et l'agent (1). » Cette relation peut résulter des motifs qui nous font agir, qui nous poussent vers une action ou nous en détournent : il est donc naturel de chercher dans ces motifs l'origine de l'obligation.

Parmi les motifs de nos actions, ceux qui se rapportent à notre bonheur ou à la satisfaction de nos penchants, ne peuvent se concilier avec la notion universelle du devoir. Il faut donc recourir aux seuls motifs qui aient un caractère absolu, aux idées du bien, du juste, du droit, de l'ordre universel, en un mot, aux conceptions invariables qui constituent les véritables principes de la raison. Mais on a vu qu'aucune de ces conceptions ne saurait être le fondement de nos devoirs, et qu'elles nous indiquent seulement les objets nécessaires auxquels s'applique l'obligation morale.

Il n'y a qu'un caractère des actions humaines, qui dérive directement de l'obligation morale : c'est leur imputabilité, qui constitue la responsabilité de l'homme. Quiconque reçoit un ordre qu'il est obligé d'accomplir, est responsable de l'exécution de cet ordre, on peut lui en demander compte ; ses actions lui sont imputables, si elles intéressent l'ordre qu'il a reçu.

Ces idées de responsabilité et d'imputabilité sont clairement analysées dans le traité de Pufendorf, sur les devoirs de l'homme et du citoyen. Suivant ce jurisconsulte, la principale propriété des actions humaines, produites et dirigées par l'entendement et la volonté, « c'est qu'elles sont susceptibles d'imputation, c'est-à-dire que l'agent en peut être légitimement regardé comme l'auteur ; qu'il est tenu

(1) *Essai sur les facultés actives*, Essai III, 3ᵐᵉ partie, chap. V.

d'en rendre compte, et que les effets qui en proviennent, retombent sur lui (1). » Je ne reproduirai pas toutes les distinctions dans lesquelles entre Pufendorf, à la suite de cette définition générale. Elles sont très-importantes, au point de vue de la morale pratique et des applications du droit naturel ; mais je n'ai ici à m'occuper que des principes. Or, toutes ces distinctions se réduisent à montrer, pour constituer la responsabilité humaine, la nécessité de deux conditions : la jouissance de la liberté et la connaissance d'un commandement qui prescrive à la volonté de faire certaines actions ou de s'en abstenir. Il y a donc une corrélation manifeste entre les idées de responsabilité et d'obligation. Mais, si nos actions ne sont imputables que parce qu'elles nous sont commandées ou interdites, notre responsabilité est la conséquence et non le principe de nos devoirs.

Ainsi, aucun des faits que nous observons en nous-mêmes, ne peut expliquer l'origine de l'obligation morale. Mais, parmi ces faits, il en est un qui se lie naturellement à l'existence de l'obligation dont il est une suite nécessaire, et sans laquelle il ne pourrait se produire : c'est notre responsabilité. Or, de même qu'on va, en physique, des effets aux causes, nous pouvons aussi partir de ce fait pour remonter jusqu'à sa cause, c'est-à-dire jusqu'à l'autorité devant laquelle nous sommes responsables, et qui nous impose nos devoirs. C'est ainsi que nous découvrirons enfin le véritable fondement de l'obligation.

---

(1) *Devoirs de l'homme et du citoyen*, liv. I, chap. I, § 7, traduction de Barbeyrac.

CHAPITRE SIXIÈME.

DU VÉRITABLE FONDEMENT DE L'OBLIGATION.

§ 1er. DE LA VOLONTÉ DIVINE.

Quand nous avons conscience de notre responsabilité, nous nous sentons responsables devant un pouvoir supérieur, d'où émanent les ordres que nous sommes chargés d'exécuter, et à qui nous devons rendre compte de nos actes volontaires. En un mot, en concevant l'imputabilité de nos actions, nous ne nous demandons pas seulement quelles actions nous sont imputables, mais devant qui nous avons à en répondre. Cette considération nous met naturellement sur la voie de l'origine de l'obligation.

Notre responsabilité ne saurait nous être imposée par une cause fatale, mais seulement par une volonté libre. En effet, une chose privée de liberté n'est jamais qu'un instrument au service d'une puissance intelligente et libre : si une telle chose agit sur nous, si nous cédons à son influence, nous ne nous sentons responsables que devant la volonté souveraine, par qui elle est produite ou mise en œuvre. Un malheur insurmontable, qui renverse toutes nos espérances, nous fera par lui-même une loi de la résignation; mais nous ne répondrons du courage avec lequel nous l'avons supporté, que devant celui qui nous envoie ce malheur, pour éprouver notre vertu.

Si nous écartons toute influence fatale, nous ne pouvons être soumis, dans nos déterminations , qu'à la volonté des autres hommes, à la nôtre, ou à celle de Dieu. C'est ; en effet, devant les hommes, devant nous-mêmes ou devant Dieu, que nous avons souvent conscience de notre responsabilité ; mais je soutiens que toute responsabilité, et, par conséquent, toute obligation, nous vient directement de la volonté seule du créateur.

Il est certain que nos semblables peuvent quelquefois nous donner des ordres, et nous demander compte de leur exécution ; mais ils n'ont sur nous aucun droit, sans un devoir antérieur, dont l'accomplissement ou la violation nous est naturellement imputable. S'ils ne sont pas investis d'une autorité légitime, il faut que leurs ordres soient librement acceptés par nous, que nous nous engagions nous-mêmes à les observer, pour que nous ayons à en répondre. D'où vient donc, dans ce cas, notre responsabilité ? du devoir qui nous oblige à tenir notre parole , à exécuter nos engagements. Si nous n'étions liés que par une promesse téméraire ou arrachée par la violence, que nous pourrions violer sans crime, les commandements auxquels nos égaux prétendraient nous soumettre, seraient tout à fait sans valeur, et nul n'aurait le droit de nous reprocher d'y désobéir. Quant aux puissances légitimes qui réclament notre obéissance, comme la famille ou l'Etat, elles n'ont point sans doute à nous demander notre assentiment, et les ordres qu'elles nous donnent engagent nécessairement notre responsabilité ; mais leur autorité vient d'un premier devoir qui nous oblige envers elles. S'il n'y avait pour nous aucune obligation naturelle de nous assujettir aux puissances humaines, les lois qu'elles nous imposeraient, seraient une véritable tyrannie, et le droit qu'elles s'arrogeraient de nous demander compte de notre conduite, devrait nous paraître une usurpation monstrueuse.

Aussi, quand nous devons obéir à quelques-uns de nos semblables , nous n'avons point ordinairement à discuter leurs commandements eux-mêmes ; nous n'avons à considérer que l'obligation naturelle qui nous soumet à leur autorité. Dans la société et dans la famille, ce sont des hommes comme nous qui nous dictent des lois ; leur volonté est imparfaite, arbitraire, sujette à faillir ; leurs ordres seront peut-être déraisonnables ou injustes ; mais, quels que soient leurs défauts, un devoir rigoureux nous commande de leur obéir. Ce devoir ne vient pas des hommes, comme les ordres auxquels il s'applique ; en s'imposant à notre volonté, il satisfait notre raison, et, plus nous y réfléchissons, mieux nous en comprenons la parfaite sagesse, en même temps que la nécessité : c'est devant ce devoir seul que nous nous sentons responsables.

C'est également un devoir antérieur qui fixe la limite de notre obéissance, à l'égard des puissances humaines. Nous pouvons être forcés de subir leurs lois, lors même qu'elles nous paraissent injustes, s'il s'agit seulement d'une injustice qu'elles nous font souffrir, et non d'une injustice qu'elles veulent nous faire commettre. Dans cette dernière supposition, la résistance est un devoir, l'obéissance serait un crime. Mais, ces devoirs antérieurs, d'après lesquels nous jugeons ceux que les hommes nous imposent, à qui rendrons-nous compte de leur accomplissement ? Si ce n'est pas devant les hommes, sera-ce devant nous-mêmes que nous aurons à en répondre ?

Une âme heureusement douée sent qu'elle se doit à elle-même de toujours faire son devoir ; elle se demande à elle-même un compte exact et sévère de toutes ses actions, bonnes ou mauvaises ; elle s'approuve ou se condamne avec plus d'impartialité que n'en montrent communément les juges les plus équitables ; elle en appelle, enfin, des jugements des hommes au jugement de sa conscience, à ce témoin incorruptible que chacun porte en soi-même. Les criminels les plus endurcis, tant qu'il n'ont pas entièrement abdiqué le gouvernement de leur âme, savent, dans certains moments, s'interroger avec franchise, et forcer leur conscience à l'inutile aveu de leurs crimes.

Aussi, quand la justice humaine s'apprête à les punir, elle s'applique avant tout à les faire rentrer en eux-mêmes, à réveiller dans leurs âmes cette voix intérieure qui leur demande compte de leurs attentats, avant qu'ils en repondent devant les hommes : elle sent que ses arrêts n'auraient plus la même valeur morale, s'ils n'étaient pas ratifiés par la conscience même du coupable.

Cette responsabilité de l'homme devant lui-même est souvent le seul frein qui retienne dans le devoir certaines natures désordonnées. Il est des hommes qui ne croient pas en Dieu, ou qui parlent de lui sans respect ; qui n'attendent rien après cette vie, ou du moins ne pensent jamais à l'immortalité de leur âme ; qui enfin font beau jeu de tout principe moral, et n'écoutent que leurs passions : et cependant il y a des crimes qu'ils rougiraient de commettre, qu'ils se cacheraient à eux-mêmes, s'ils s'en étaient souillés, avec autant de soin qu'aux autres hommes ; quelle que soit leur dégradation, ils croiraient se manquer à eux-mêmes, s'ils n'exigeaient pas de leur volonté l'observation de certains devoirs.

Rien d'ailleurs n'est plus conforme à l'analyse de l'obligation. Telle est, comme on l'a vu, la nature de la loi morale, qu'une volonté vraiment libre se l'impose à elle-même, en repoussant le joug des passions et l'influence des objets extérieurs qui les excitent. Dès que la volonté se possède elle-même, dès qu'elle refuse d'être un instrument au service d'un but étranger, elle trouve en elle-même, suivant la théorie de Kant, sa propre fin et sa propre loi ; elle ne peut rien vouloir qui soit contraire à son indépendance ; elle agit toujours par raison, et toutes ses déterminations expriment des principes nécessaires, qui obligeraient également tout être raisonnable. Elle ne peut en effet vouloir être libre, sans soumettre ses actions à la loi universelle qui assure sa liberté. Or il n'est pas une âme qui ne sache à certains moments se rendre maîtresse d'elle-même, qui ne prenne quelquefois la résolution d'arracher sa volonté

aux passions qui la tyrannisent : il n'est donc pas une âme
qui n'accepte librement, dans son principe fondamental, la
loi destinée à lui garantir le gouvernement de ses propres
actions. Si nous pouvons d'ailleurs, dans notre faiblesse,
dans notre abandon de nous-mêmes, nous révolter contre
nos devoirs, quand ils choquent nos penchants ou blessent
nos intérêts, nous ne voudrions pas du moins, dans nos
plus grands emportements, que nos fautes ou nos vices de-
vinssent la loi du genre humain ; « nous voulons bien plutôt, dit Kant, que le contraire reste une loi universelle ;
seulement nous prenons la liberté d'y faire une exception
en notre faveur (1). » Si nous repoussons pour nous-mêmes
la sujétion du devoir, nous voulons cependant que nos
semblables soient obligés de respecter notre liberté : nous
voulons par conséquent le maintien de la loi morale, lors
même que nous foulons aux pieds ses prescriptions obligatoires. Lorsque nous manquons à nos devoirs, nous
violons donc une loi que nous-mêmes avons acceptée, que
nous voulons voir observée par tous les hommes, et que
nous imposons à notre propre volonté, quand nos intérêts
ne sont plus en jeu, quand nous avons repris tout notre
empire sur nous-mêmes. C'est donc envers nous-mêmes
que nous sommes réellement obligés ; c'est à nous-mêmes
que nous manquons, quand nous négligeons nos devoirs ;
c'est notre volonté qui nous rend responsables de leur accomplissement.

Mais, si notre volonté accepte librement la loi morale,
soit pour s'obliger elle-même à la suivre, soit pour en exiger l'observation des autres volontés, faut-il voir dans cette
acceptation l'origine de nos devoirs? J'ai déjà montré, en discutant le système de Kant, quelle est, à cette question, la ré-
ponse de la conscience. Quand nous nous faisons une loi

(1) *Fondements de la métaphysique des mœurs*, traduction de M.
Barni, p. 63.

d'accomplir certaines actions, cette résolution ne crée pour nous aucun devoir, si nous ne sommes pas d'avance obligés de l'exécuter. Nous ne sommes les auteurs ni de la loi morale, ni de l'obligation qui s'y attache ; nous nous emparons seulement, quand nous nous possédons nous-mêmes, de cette loi obligatoire, pour nous l'imposer avec plus de force, pour en rendre l'action sur notre âme plus immédiate et plus efficace ; mais nous sentons parfaitement que nous n'ajoutons rien à son autorité. Nous sommes à certains égards vis-à-vis de nous-mêmes comme ces puissances humaines auxquelles nous devons un entier respect, mais qui puisent tous leurs droits dans une loi supérieure.

N'oublions pas d'ailleurs que notre volonté n'est pas cette faculté abstraite, qui, dans le système de Kant, se détermine toujours d'après les conceptions de la raison. La liberté dont elle jouit, n'est pas la complète possession de soi-même, mais le libre arbitre, c'est-à-dire le pouvoir de choisir entre des motifs opposés, entre le bien et le mal. Aussi ses déterminations ne peuvent jamais se prévoir d'une manière absolue. Elle sera chez certains hommes tout à fait maîtresse d'elle-même, et complétement asservie chez d'autres à toutes les séductions des sens. Entre ces deux extrêmes, notre empire sur nos actions peut passer par tous les degrés qui séparent la monarchie pure de l'anarchie la plus effrénée. Voilà donc l'obligation, si elle dépend des lois que la volonté s'impose à elle-même, soumise à tous les hasards, à tous les caprices de nos libres déterminations : ici, plus forte et plus précise ; ailleurs, plus vague et plus faible ; chez les uns, s'étendant à tout, chez d'autres, tout à fait nulle.

Ces commandements précaires et variables, que nous recevons de nous-mêmes, ne sauraient se confondre avec ces ordres absolus que nous révèle notre conscience, et dont nous nous sentons constamment responsables.

Aussi cette responsabilité que nous avons devant nous-

mêmes, est loin de se manifester, dans toutes les consciences, avec la même force et la même vigueur. Une âme
délicate et scrupuleuse s'interrogera sans cesse, se deman-
dera un compte minutieux de ses pensées, de ses paroles,
de ses déterminations volontaires ; mais combien d'autres
âmes emploieront tous leurs efforts à se fuir elles-mêmes,
interposant sans cesse entre elles et leurs remords ces amu-
sements, ces distractions, ces vaines agitations d'une vie
mondaine et dissipée, qui ne sauraient remplir le vide de
notre cœur, et qui n'ont pour but que de nous étourdir !
Si cette responsabilité que l'homme s'impose à lui-même,
était la mesure de ses devoirs, on n'aurait qu'à se distraire,
à s'arracher à toute réflexion, à vivre, pour ainsi dire, hors
de soi-même, pour se soustraire en même temps à toutes
les exigences de la loi morale. Mais notre conscience s'ac-
commoderait mal d'une responsabilité aussi facile. Nous
pouvons assurément, dans le plein exercice de notre liberté, nous abstenir de nous demander compte de nos actions bonnes ou mauvaises : mais pouvons-nous empêcher
que nous n'en répondions devant Dieu ?

C'est donc vis-à-vis de Dieu même que nous devons sentir notre véritable responsabilité ; c'est à cette source éternelle que nous devons chercher l'origine de nos devoirs.
Nous croyons, en effet, que, si Dieu existe, il n'est pas
indifférent aux actions humaines : il veut nécessairement,
dans le monde qu'il a créé, la réalisation du bien, soit par
un effet direct de sa toute-puissance, soit par l'intermédiaire
de notre volonté libre. Or pouvons-nous concevoir que
Dieu veuille quelque chose, sans l'accomplir lui-même ou
sans en prescrire l'accomplissement, ou qu'il nous donne
des ordres, sans que nous soyons responsables de leur
observation ?

Mais il n'est pas nécessaire de faire intervenir d'avance
l'idée de Dieu et de ses perfections infinies. Nous n'avons
qu'à interroger notre conscience, toutes les fois qu'elle nous
révèle directement l'imputabilité de nos actions. Nous sen-

tons évidemment que notre responsabilité ne disparaît jamais ; qu'elle subsiste toujours la même, au milieu des règles arbitraires que nous recevons des autres hommes, ou qui nous sont imposées par notre propre volonté ; qu'elle établit enfin entre tous nos actes une ligne de démarcation invariable et absolue, en deçà de laquelle tout est bien et conforme à l'ordre, tandis qu'au-delà ne règne que le mal, le désordre et la révolte. Il faut donc que la volonté devant laquelle nous nous sentons responsables, soit exempte de tout changement comme de toute imperfection, et que tous ses commandements tendent nécessairement au bien ; il faut, en un mot, que ce soit la volonté de Dieu.

On peut comparer la conscience de notre responsabilité avec le sentiment de l'effort musculaire, dans lequel notre moi, suivant la théorie de Maine de Biran, reconnaît son existence et l'énergie qui lui est propre, en se distinguant du corps qui lui résiste. Nous sentons également dans notre responsabilité, notre activité personnelle , et en même temps elle se manifeste en face d'un être distinct, auquel elle tend souvent à résister, et qui la domine sans la détruire. Tantôt la volonté de ce souverain seigneur se confond avec la nôtre ; tantôt elle s'en sépare et lui fait violence, pour l'assujettir à ses ordres. Quand nous suivons de nous-mêmes la loi qui nous est prescrite, nous croyons volontiers pouvoir nous passer de Dieu ; mais, quand se livrent dans notre âme ces luttes douloureuses, que soulèvent nos passions rebelles, nous comprenons aisément que nous ne sommes nos propres maîtres qu'en nous soumettant à un maître suprême.

Reconnaissons donc à la fois, dans notre responsabilité, l'action simultanée de notre volonté et de la volonté divine. Si ces deux volontés paraissent si souvent opposées, il n'en faut chercher la cause que dans notre imperfection, et dans les passions, qui nous ôtent la possession de nous-mêmes. Il nous suffit de ressaisir la libre direction de notre conduite, pour nous porter de nous-mêmes où nous conduit la volonté de Dieu : elle ne lutte contre nous que dans le but de nous affranchir. « Notre cœur, dit Pascal, se sent déchiré entre ces efforts contraires. Mais il serait bien injuste d'imputer cette violence à Dieu, qui nous attire, au lieu de l'attribuer au monde, qui nous retient : c'est comme un enfant, que sa mère arrache d'entre les bras des voleurs, doit aimer, dans la peine qu'il souffre, la violence amoureuse et légitime de celle qui procure sa liberté, et ne détester que la violence impétueuse et tyrannique de ceux qui le retiennent injustement (1). »

§ 2. EXAMEN DU SYSTÈME DE PUFENDORF.

Pufendorf, dans son *Traité des devoirs de l'homme et du citoyen*, a clairement expliqué cette origine divine de l'obligation. « Celui qui impose l'obligation, et qui en imprime le sentiment dans le cœur de l'homme, c'est proprement, dit-il, un *supérieur*, c'est-à-dire un être qui a, non-seulement des forces suffisantes pour faire souffrir quelque mal aux contrevenants, mais encore de justes raisons de prétendre gêner, comme il le juge à propos, la volonté de ceux qui dépendent de lui (2). » Quand il s'agit de la loi naturelle, ce supérieur, de qui tous les hommes dépendent, est, ajoute Pufendorf, « le même que l'auteur de la nature (3). » Si l'on écarte de cette théorie l'idée de *force*, qui se rapporte uniquement à la sanction de la loi (4), elle

---

(1) *Pensées*, édition de M. Havet, p. 337.

(2) *Devoirs de l'homme et du citoyen*, chap. II, § 5 (Traduction de Barbeyrac.)

(3) Ibid., § 6.

(4) La *force* n'entre pour rien dans ce qui constitue le droit d'imposer quelque obligation : elle sert seulement à mettre en état de faire valoir ce droit (Note de Barbeyrac).

indique parfaitement la véritable source de l'obligation. En effet, cette volonté d'un supérieur qui nous oblige à certaines actions, c'est l'autorité souveraine, qui doit commander à notre volonté, et nous faire sentir une sorte de contrainte, en s'opposant aux passions et en gênant la liberté, et ces justes raisons qu'il doit nécessairement avoir, c'est la loi éternelle et parfaitement bonne, à laquelle toute obligation doit nécessairement être conforme.

Cette théorie a été l'objet d'une vive polémique de la part de Leibnitz : il l'a attaquée à plusieurs reprises, et aucun système ne lui semble plus antipathique. Il en a même conservé une certaine aigreur contre Pufendorf, et ce philosophe si bienveillant, qui a fait à tant d'ouvrages médiocres, suivant l'expression de Fontenelle, *la grâce de les lire*, et de les citer avec honneur, ne trouve que des expressions dédaigneuses, lorsqu'il vient à mentionner le jurisconsulte suédois. On doit donc présumer qu'il n'a épargné à la doctrine de Pufendorf aucune critique sérieuse, et, si les objections passionnées, dont il a poursuivi sa définition de l'obligation morale, se trouvent sans fondement, il en sortira, je crois, une conviction favorable à l'exactitude de cette théorie.

La première objection de Leibnitz, qu'il développe avec beaucoup de force et d'éloquence, s'adresse moins à Pufendorf lui-même, qu'à ceux qui fondent la morale sur le bon plaisir d'une volonté toute-puissante, comme Thrasymaque dans la *République* de Platon. « Est-ce donc, s'écrie-t-il, qu'un souverain qui agit en tyran avec ses sujets, qui les pille, les maltraite, leur fait souffrir des tourments et la mort même, sans autre raison que ses passions ou son caprice, ou qui déclare la guerre sans sujet à une autre puissance, n'agit pas en tout cela contre la justice (1)? » Dans cette sortie véhémente, Leibnitz oublie

---

(1) *Monita quædam ad Pufendorfii principia*, § 4. — Dans cette citation, et dans toutes celles qui suivront, je me sers de la traduction de Barbeyrac, dans son *Examen du jugement d'un anonyme*.

seulement que la volonté d'un supérieur, d'après le système qu'il attaque, n'est point une volonté arbitraire et tyrannique, mais qu'elle a besoin de justes raisons pour imposer à ses sujets des lois obligatoires. Il reconnaît d'ailleurs un peu plus loin que Pufendorf remédie en quelque manière aux conséquences dangereuses de sa doctrine, en considérant Dieu comme le supérieur commun de tous les hommes. Mais cette théorie, ainsi corrigée, lui semble donner lieu à une autre objection beaucoup plus sérieuse. Elle suppose en effet, dit-il, que les principes de la morale et en particulier l'idée de la justice dépendent de la volonté divine : or, non-seulement la plupart des moralistes ont reconnu qu'il existerait quelque obligation naturelle, quand même on admettrait qu'il n'y a point de divinité, mais on loue Dieu même de ce qu'il est juste, quoiqu'il ne reconnaisse aucun supérieur, et que, par le penchant de sa nature excellente, il agisse toujours comme il faut. « On ne peut donc pas plus soutenir que la justice ou la bonté dépende de la volonté divine, qu'on ne peut dire que la vérité en dépend aussi, paradoxe inouï qui est échappé à Descartes (1). »

Je remarquerai d'abord avec Barbeyrac (2), que, dans toute cette objection, Leibnitz ne paraît pas se faire une idée très-nette de l'obligation morale : il la confond presque toujours avec toutes les influences auxquelles nous cédons, et même avec des mobiles intéressés. C'est ainsi que pour montrer l'existence de l'obligation chez ceux-mêmes qui ne croient pas en Dieu, il cite l'exemple d'une société de brigands qui observent entre eux quelques devoirs, dans l'intérêt de leur conservation (3).

Mais il confond surtout constamment l'obligation morale

(1) *Monita*, § 4.
(2) *Examen du jugement d'un anonyme*, § 15.
(3) *Monita*, § 4.

avec le bien et le juste, qui ne sont que l'objet ou la matière des devoirs de l'homme. Pufendorf avait parfaitement reconnu, comme le prouve son traducteur par une foule de citations, « que Dieu est souverainement juste ; qu'il suit inviolablement les règles de la justice, qui sont conformes à ses perfections infinies ; et que ce n'est point par une volonté arbitraire qu'il fait le droit et le juste, mais qu'il ne pourrait, sans choquer ses perfections, et se démentir lui-même, prescrire aux hommes d'autres règles que celles de la justice (1). » Mais, en agissant ainsi, d'après la loi de sa nature excellente, Dieu n'obéit à aucun devoir : une volonté souverainement bonne, suivant la théorie de Kant, n'a besoin d'être assujettie à aucune obligation. Il ne s'agit donc pas de chercher l'origine de cette justice suprême, qui convient à Dieu comme à l'homme, mais de cette justice commandée, imposée à la volonté humaine par une loi comminatoire ; il s'agit en un mot de l'obligation qui s'attache au bien pour surmonter la résistance d'une volonté souvent rebelle, et non pas du bien lui-même. « La question se réduit à savoir si le fondement prochain et immédiat de la nécessité indispensable où sont les hommes de faire ce que Dieu veut certainement qu'ils fassent, est la volonté même de Dieu ou quelque autre chose (2). »

Si l'obligation morale a toujours pour objet le bien et le juste, la volonté divine peut l'imposer à l'homme, sans lui donner un caractère arbitraire. Mais, si toutes les bonnes actions ne sont pas obligatoires, Dieu n'agit-il pas arbitrairement, quand il fixe au sein du bien ce qu'il veut exiger de nous, et les devoirs qu'il nous impose ne deviennent-ils pas, en tant que devoirs, des ordres contingents et susceptibles d'être modifiés ? Pour justifier cette objection, il faudrait prouver d'abord que Dieu peut agir arbitrai-

(1) *Examen*, § 15.
(2) *Ibid.*

rement. Or, nul plus que Leibnitz n'a repoussé les théories qui attribuent à Dieu une liberté d'indifférence ; nul n'a montré plus fortement que Dieu est toujours libre, quoiqu'il tende nécessairement à réaliser le plus grand bien possible. Kant a donné à la même doctrine un degré de clarté de plus, en développant l'idée de la sainteté : une volonté parfaite ne peut être en contradiction avec la loi éternelle, dont l'observation lui assure l'usage complet de sa liberté ; pour qu'elle soit toujours libre, il faut qu'elle soit toujours sainte, c'est-à-dire toujours raisonnable, toujours bonne et toujours juste. S'il n'agit jamais sans raison, s'il ne peut vouloir que le bien, il ne trouve cependant qu'en lui-même le principe de tous ses actes, puisqu'il est une nature essentiellement raisonnable et souverainement bonne : en agissant autrement, il sortirait de lui-même, si je puis ainsi m'exprimer, il cesserait d'être libre. Enfin, la même doctrine est aujourd'hui classique parmi les philosophes rationalistes : « Tout ce qu'il y a d'effectif et de positif dans la liberté humaine, dit un des représentants les plus distingués de l'école française contemporaine, se retrouve dans la liberté divine ; les chutes, les misères, les alternatives, l'effort, la réflexion, le choix même, ont seuls disparu ; et, bien loin que le type divin de la liberté en ait souffert quelque altération, il semble que nous l'apercevions alors sans voile dans sa plénitude et sa pureté infinies (1) ».

On pourrait objecter que, pour fonder l'obligation, cette volonté sainte, qui veut toujours le bien, et dont toutes les déterminations sont parfaitement raisonnables, est un intermédiaire inutile : n'est-il pas plus simple d'admettre que la raison seule de Dieu nous impose des devoirs, sans faire intervenir sa volonté ? Si cette objection était fondée,

---

(1) M. Émile Saisset, *Dictionnaire des sciences philosophiques*, article *Liberté*.

elle permettrait de nier la création elle-même. En effet, à moins de supposer que Dieu a, sans raison, par une fantaisie tout à fait arbitraire, tiré le monde du néant, on pourra aussi se demander pourquoi sa raison ne suffirait pas pour déterminer l'existence des choses, sans qu'il soit besoin de lui attribuer une volonté créatrice. Pour réfuter en elle-même, et dans toutes ses conséquences, cette objection capitale, il faut distinguer la nature des choses créées de celle des principes éternels qui font partie de l'essence de Dieu. Tout ce qui ne subsiste pas en Dieu même, a besoin d'être réalisé par sa volonté. Mais la volonté divine ne saurait être déraisonnable, sans se contredire elle-même ou plutôt sans se détruire. Il faut donc que la raison du créateur se joigne toujours à sa volonté libre. Or, il en est de l'obligation comme de toutes les choses créées : elle n'appartient pas à la nature de Dieu, et ne peut par conséquent être produite que par sa volonté. Dieu veut éternellement la réalisation de sa loi dans tous les êtres raisonnables ; mais, quand cette loi s'applique à l'homme, elle rencontre des obstacles dans l'imperfection de notre nature, dans les exigences de nos passions. Pour surmonter ces obstacles, il faut évidemment que Dieu exerce sur nous une contrainte matérielle ou une influence morale ; qu'il agisse lui-même à notre place, en supprimant notre liberté, ou, qu'en nous laissant libres, il nous oblige à lui obéir. Dans l'emploi de ces deux moyens, qui ont également pour but la réalisation d'une loi raisonnable, il y a certainement place pour la volonté de Dieu : s'il agit volontairement, quand il réalise dans une œuvre quelconque le bien conçu par son entendement, pourquoi sa volonté serait-elle absente, quand il nous commande d'effectuer nous-mêmes, par un effet de notre liberté, le bien qu'il veut produire ?

Les vérités éternelles, comprises dans la nature divine, ne peuvent être connues que par la raison, de la même manière que nous connaissons Dieu lui-même. Les choses créées sont connues à la fois par expérience et par raison :

l'expérience nous apprend leur existence ; la raison nous explique pourquoi Dieu les a produites. Quand nous contemplons cet univers et tous les êtres qu'il renferme, nous voyons partout des marques sensibles de la sagesse du créateur ; et, si nous y trouvons quelque imperfection ou quelque désordre apparent, nous cherchons à l'expliquer par des raisons cachées, tant nous sommes convaincus que Dieu ne fait rien au hasard ! Mais il arrive souvent que les desseins de la Providence nous échappent : nous ne sommes pas toujours avertis, comme dans la fable de Lafontaine, par la chute d'un gland, que *Dieu sait bien ce qu'il fait.* Et cependant, pour les choses mêmes dont l'existence nous semble inexplicable, il ne serait pas moins déraisonnable de croire que Dieu les a produites sans raison, que de douter de leur réalité.

On peut en dire autant de l'obligation morale. Quand nous nous faisons l'idée d'un devoir, nous le regardons toujours comme un acte absolument bon ; mais nous ne savons pas toujours pourquoi il nous est commandé, plutôt que toute autre action également bonne et raisonnable. Si l'on croit certains utopistes, l'humanité gagnerait beaucoup à la suppression des devoirs de famille. N'y a-t-il pas, disent-ils, une sorte d'égoïsme dans l'accomplissement des vertus domestiques ? Quand il faut verser notre sang pour notre patrie, sacrifier notre vie plutôt que de commettre une injustice, nous dévouer, en un mot, au bien public, l'intérêt de notre famille ne vient-il pas se mettre à la traverse, amollir notre courage ou servir d'excuse à notre lâcheté ? Il suffirait de quelques hommes pour élever tous les enfants au nom de l'Etat, et dès lors, chacun ne vivrait plus que pour son pays ou pour le genre humain, et la fraternité universelle ne serait plus une chimère. Je ne sais si tout le monde comprend l'absurdité de ces arguments ; mais je ne crains pas d'affirmer que tout le monde, sans excepter ces utopistes eux-mêmes, est convaincu intérieurement de la nécessité des devoirs de famille. Il en est donc de nos devoirs comme de toutes les œuvres de Dieu : nous ne doutons pas qu'ils ne soient conformés à la raison, et qu'il ne faille les accomplir, lors même que nous ne pouvons comprendre pourquoi Dieu nous les impose.

Mais ici se place une nouvelle objection, qu'on a faite dans tous les temps à ceux qui fondent l'obligation sur une volonté raisonnable et juste : « Si, pour découvrir l'origine du droit, il faut trouver un supérieur, et si, d'un autre côté, l'autorité du supérieur doit être fondée sur des raisons tirées du droit, voilà le cercle le plus manifeste où l'on soit jamais tombé (1). » Cette objection, reproduite sans développement, comme un argument irrésistible, par un grand nombre de philosophes, repose en définitive sur la même confusion que les critiques précédentes. Les raisons tirées du droit ne contiennent pas l'obligation, s'il ne s'y joint un commandement qui ordonne de s'y conformer ; elles donnent seulement à l'obligation un objet ou une matière, et on peut, sans pétition de principe, lui attribuer pour origine la volonté d'un supérieur,

Ce reproche de cercle vicieux a été fait à la même doctrine, sous une forme plus spécieuse, par Dugald Stewart : « Si l'obligation morale, dit ce philosophe, est entièrement fondée sur notre croyance qu'elle est un commandement de Dieu, comment cette croyance impose-t-elle une obligation ? Si on répond qu'il est moralement obligatoire que nous conformions notre volonté à celle de l'auteur et du maître de l'univers, on fait un cercle vicieux ; si on cherche un autre principe, comme l'intérêt bien entendu, on détruit toute la morale (2). » Cette objection, qui semble assez forte, repose elle-même sur un cercle vicieux : demander, en effet, la raison d'un principe, c'est lui con-

---

(1) Leibnitz, *Monita ad Pufendorfii principia*, § 5.
(2) *Esquisses*, 2ᵉ part., chap. I, sect. VI, art. 3, traduction de M. Jouffroy.

tester d'avance son titre de principe, c'est supposer ce qui est en question. Aussi, quelque fondement qu'on donne à l'obligation, on s'expose au même reproche : soit qu'il s'agisse du bien, du juste, de l'ordre universel, de la nature humaine, si l'on demande comment ces idées imposent à l'homme des devoirs, il faudra nécessairement répondre qu'il est moralement obligatoire de se conformer au bien, au juste, à l'ordre universel ou à la nature humaine; en un mot, il faut toujours remonter à une obligation primitive, au delà de laquelle on ne peut plus chercher aucun principe, sans tourner dans un cercle. La seule question qu'on puisse se faire, quand il s'agit d'un principe, c'est s'il satisfait exactement à toutes les conditions du problème qu'il est destiné à résoudre. Il ne faut donc pas demander pourquoi la volonté de Dieu nous oblige, mais si elle réunit tous les caractères que suppose l'obligation morale. Pour réaliser ces caractères, il faut, d'après la doctrine de Kant, qu'elle soit parfaite, infaillible, souverainement raisonnable, et qu'elle ne commande rien que nous ne voulions nous-mêmes, quand nous savons nous affranchir du joug de nos passions, et mettre ainsi notre liberté à l'abri de toute atteinte. Qui pourrait nier que ces conditions ne se trouvent complétement dans la volonté divine?

Dugald Stewart reconnaît lui-même qu'on ne peut chercher la raison de l'obligation, à quelque point de vue qu'on se place, et quelque origine qu'on lui attribue : « Au fait, dit-il, il est absurde de demander pourquoi nous sommes obligés à la pratique de la vertu : la vraie notion de vertu implique l'idée d'obligation. Tout ce qui a conscience de la distinction du juste et de l'injuste, a conscience en même temps d'une loi qu'il est tenu d'observer, ignorât-il complétement l'existence d'un état futur (1). » Nous dirons de la volonté divine ce que Stewart dit de la vertu : elle

(1) *Esquisses*, loco citato.

implique l'idée d'obligation ; car elle contient toutes les conditions qui sont nécessaires pour commander à une volonté libre.

Mais, pourrait-on objecter, si la volonté divine suffit pour nous obliger, nous n'avons pas à nous inquiéter des raisons ou des principes d'après lesquels elle nous dicte ses lois : dès qu'elle commande, il faut lui obéir, sans rechercher si elle est raisonnable ; autrement nous ne céderions pas à ses ordres, mais nous suivrions nous-mêmes les règles de justice, auxquelles ils sont nécessairement conformes : les décrets divins d'où Pufendorf fait découler nos devoirs, s'imposent donc à nous comme s'ils étaient arbitraires. Cette objection serait fondée, si Pufendorf prétendait que tout commandement, pourvu qu'il émane d'un supérieur, est par lui-même obligatoire ; mais il a toujours déclaré qu'un commandement conforme à la raison possède seul ce caractère. J'obéis à un tyran, de mon plein gré ou par contrainte, pour me concilier sa faveur ou pour détourner l'effet de ses menaces ; mais je n'appellerai jamais ma soumission un devoir. Si la volonté de Dieu suffit seule pour nous obliger, c'est qu'elle seule est toujours sage et parfaitement équitable. Nous pouvons nous dispenser de soumettre ses prescriptions au contrôle de notre raison, parce que nous ne saurions douter qu'elles ne renferment rien d'arbitraire. Nous ne cédons pas seulement, quand nous lui obéissons, soit à la force des raisons sur lesquelles se fondent ses lois, soit à son autorité toute-puissante ; mais nous nous soumettons à une volonté souveraine, qui réalise toutes les conditions nécessaires pour nous obliger, et la sagesse de ses commandements est la première de ces conditions.

Leibnitz fait au système de Pufendorf une dernière objection qui a souvent été répétée : il l'accuse de rabaisser la vertu, en lui donnant pour mobile la soumission à un supérieur, et non l'adhésion de la raison et du cœur. «Il ne suffit pas, dit-il, d'être soumis à Dieu comme à un

tyran ; et il ne faut pas seulement le craindre à cause de sa
grandeur, mais encore l'aimer à cause de sa bonté.... Bien
loin que ceux qui font de bonnes actions, non par un motif d'espérance ou de crainte de la part d'un supérieur,
mais par l'effet du penchant de leur cœur, n'agissent pas
justement, ce sont ceux, au contraire, qui agissent le plus
justement, puisqu'ils imitent en quelque manière la justice
de Dieu.... C'est d'une telle personne qu'il est dit que la loi
n'est pas faite pour le juste. (1). » Leibnitz ne s'est pas
aperçu qu'il ruinait lui-même toute son objection par cette
dernière remarque. Oui, le juste peut agir par l'inclination
d'une âme naturellement noble et sainte ; mais, alors, ses
actions ne sont pas dictées par l'idée d'une loi obligatoire,
il n'a pas besoin de cette loi, elle n'a pas été faite pour lui.
L'idée d'obligation ou de devoir suppose, en effet, une
nature imparfaite ; elle est gênante pour nos passions, et
désagréable à notre amour-propre ; mais c'est la seule qui
convienne à notre condition finie. « Il est très-beau, dit
Kant, de faire du bien aux hommes par amour ou par
sympathie, ou d'être juste par amour de l'ordre ; mais ce
n'est pas là encore la vraie maxime morale, celle qui doit
diriger notre conduite, celle qui nous convient à nous autres hommes. Il ne faut pas que, semblables à des soldats
volontaires, nous ayons l'orgueil de nous placer au-dessus
de l'idée du devoir, et de prétendre agir de notre propre
mouvement, sans avoir besoin pour cela d'aucun ordre (2).»
Aussi, quand il s'agit des hommes, on doit plus volontiers
donner le nom de juste à celui qui fait violence à sa nature,
pour subir le joug d'une volonté supérieure, qu'à celui qui
accomplit cette volonté, sans songer aux lois qu'elle lui impose, par la seule impulsion d'un heureux naturel.

---

(1) *Monita ad Pufendorfii principia*, § 4.
(2) Kant, *Critique de la raison pratique*, traduction de M. Barni,
p. 263.

Dans toute cette discussion, j'ai pu m'appuyer, non seulement sur le bon sens de Barbeyrac, mais sur les principes de Kant. Cependant, le philosophe de Kœnigsberg est loin d'adopter la doctrine de Pufendorf : c'est, au contraire, une des théories qu'il condamne le plus fortement, et quelques-unes des objections qu'il a dirigées contre elle, sont dignes d'un sérieux examen.

Il considère d'abord la volonté divine comme un *principe matériel*, ayant son objet hors de nous-mêmes, et ne pouvant, par conséquent, ni garantir notre liberté, ni se révéler autrement que par des notions empiriques (1). Il y a là une confusion qui me semble manifeste. La volonté divine n'est pas un de ces buts extérieurs, auxquels Kant donne le nom de principes matériels, et dont certains moralistes font la loi de nos actions. Subordonner à ces buts notre conduite morale, c'est, en effet, renoncer à notre autonomie, pour chercher hors de nous-mêmes la règle de notre conduite ; c'est, d'ailleurs, invoquer les lumières variables de l'expérience ; car les objets extérieurs ne peuvent agir sur nous que par les sentiments qu'ils nous font éprouver, et dont nous sommes avertis par une sorte d'observation intérieure. Mais la volonté divine n'est pas la *cause finale* de l'obligation ; elle en est la *cause efficiente*, pour employer les termes métaphysiques. Or, comme elle n'impose des devoirs qu'à des êtres qu'elle-même a créés, notre existence et notre liberté sont un effet de sa puissance, aussi bien que ses commandements ; si elle veut que nous soyons soumis à ses lois, elle veut aussi que nous soyons libres ; elle se contredirait elle-même, si notre liberté, qui fait le fond de notre nature, et qui constitue notre personnalité, n'était pas garantie par les ordres mêmes qu'elle nous donne. C'est donc dans notre soumission à la volonté divine que nous trouvons notre autono-

_____

(1) *Critique*, p. 191 et suiv.

mie, notre véritable indépendance. D'un autre côté, si la volonté divine réalise cette loi universelle, dont Kant a tracé les formules, et qui, s'imposant à tous les hommes, assure leur liberté, elle n'est subordonnée à aucun but extérieur; aucun sentiment n'est nécessaire pour qu'elle agisse sur notre volonté, et ses rapports avec notre âme ne sont pas seulement des faits attestés par l'observation intérieure, mais des principes absolus, conçus par la raison pure : elle renferme donc, en un mot, tous les caractères essentiels d'une loi obligatoire.

Ainsi tombe en même temps la seconde objection de Kant, qui ne voit dans la volonté divine une cause déterminante de nos résolutions morales, qu'en vertu du bonheur qu'elle nous fait espérer. Nous obéissons à Dieu quand nous agissons par devoir, parce que nous trouvons dans sa volonté la loi qui doit régir la nôtre, et la puissance suprême à laquelle nous devons tout, et que notre dépendance n'est pas une nécessité matérielle, qui supprime notre liberté, mais une nécessité morale, qui la maintient et la protége.

La dernière objection de Kant se rattache au principe de sa métaphysique qui lui est le plus cher : l'impossibilité de connaître par la raison spéculative l'existence de Dieu et l'immortalité de l'âme. Il se félicite de cette prétendue impossibilité; il verrait un danger pour la morale, si nous connaissions directement Dieu, et si le devoir nous apparaissait comme un commandement de sa volonté toute-puissante. « Dieu et l'éternité, avec leur majesté redoutable, seraient sans cesse devant nos yeux; » nous ne pourrions nous dispenser d'accomplir les ordres divins; nos penchants se tairaient devant cette autorité souveraine, et, comme nous n'aurions plus de luttes à soutenir, nos actions « perdraient cette valeur morale, qui seule fait le prix de la personne (1). »

---

(1) *Critique de la raison pratique*, p. 369.

Kant, on peut le dire, se bat ici contre des fantômes ;
nous croyons théoriquement à l'existence de Dieu; nous
reconnaissons en lui notre maître suprême, et cependant
nous ne sentons pas, en présence de sa majesté redoutable, cet apaisement de nos passions, cette victoire complète de la loi, qui semble à l'illustre philosophe la ruine
de notre mérite moral. C'est que Dieu est à la fois trop près
et trop loin de nous : trop près, car son action toute-puissante, s'exerçant sans cesse sur nos âmes, nous devient
insensible, et se confond avec notre nature ; trop loin, car
ces grands coups qui nous font surtout sentir sa puissance,
n'éclatent jamais qu'à des intervalles éloignés, comme
ces grandes mesures de justice ou de bienfaisance, qui
révèlent de temps en temps à un peuple la sollicitude de
son souverain. Or, les observateurs de la nature humaine
savent combien un objet prochain, quel que soit son peu
de valeur, a de force pour nous déterminer, quand il n'est
opposé qu'à une crainte ou à une espérance, dont la réalisation doit longtemps se faire attendre. N'ayons donc pas
peur qu'en attribuant à la volonté de Dieu l'origine de l'o-
bligation morale, nous devenions jamais trop vertueux :
Dieu nous ferait sentir plus directement encore sa puissance
irrésistible, que la passion saurait toujours élever la voix,
et nous forcer à de continuels combats.

Ainsi, la doctrine qui fait dériver l'obligation morale de
la volonté de Dieu, échappe à toutes les objections de Leibnitz et de Kant. Ajoutons qu'elle est conforme aux principes mêmes de ces philosophes, et que toutes les idées
qui peuvent fournir une base à la morale, concourent à la
justifier. Si Kant veut qu'une volonté libre s'impose à elle-
même la loi de ses actions, il ne donne le nom de *libre*
qu'à une volonté parfaitement raisonnable : or, il n'y a
que la volonté de Dieu qui possède ce caractère. Si l'on
doit croire, avec Leibnitz, que notre raison aperçoit en
Dieu l'obligation morale, parmi les vérités qui font partie
de la nature divine, on ne peut en trouver la source que

dans la volonté même de Dieu, qui l'impose aux êtres finis ;
car l'être parfait n'est par lui-même assujetti à aucun devoir. Si l'on fonde l'obligation sur les idées de l'ordre, du
bien, du juste ou du droit, ces idées ont besoin d'être pré-
cisées par l'idée même du devoir, ou plutôt par l'autorité
suprême qui nous impose une loi obligatoire. Si l'on invoque la loi civile, elle suppose la souveraineté de Dieu. Si
l'on s'appuie sur la nature ou sur la destinée de l'homme,
l'une et l'autre sont l'œuvre de Dieu. Enfin, nous trouvons
en nous-mêmes, dans notre responsabilité, un fait sans
lequel l'obligation ne pourrait exister, et qui nous conduit
directement à considérer Dieu comme notre législateur et
notre juge.

CHAPITRE SEPTIÈME.

DE LA CONNAISSANCE DE L'OBLIGATION.

Si l'obligation morale est imposée à l'homme par la volonté du Créateur, il reste toujours une difficulté que plusieurs philosophes ont jugée insurmontable : c'est de connaître cette volonté. Il ne s'agit pas, en effet, de la révélation surnaturelle, qui, suivant la foi religieuse, nous découvre quelques-uns des commandements de Dieu. Ces commandements révélés ne sont pas l'objet de la philosophie; ils ne demandent à l'homme que son respect, qu'il ne peut leur refuser sans ingratitude, et la foi, qui est un don de Dieu. Les discuter serait nier par avance leur origine surnaturelle, en les soumettant au jugement de la raison. Si la volonté divine n'était pas connue d'une autre manière, il faudrait donc renoncer à en faire le principe de la loi naturelle, le fondement d'une morale philosophique. Pour que ces règles universelles, qui imposent aux hommes les mêmes devoirs, quelles que soient leurs croyances religieuses, émanent vraiment de Dieu même, sa volonté souveraine doit être naturellement promulguée dans toutes les âmes, annoncée à toutes les consciences. C'est donc en nous-mêmes qu'il faut la chercher, si nous voulons trouver dans ses décrets immuables l'origine de l'obligation.

Les philosophes distinguent ordinairement deux grandes sources de nos connaissances : l'expérience et la raison.

L'expérience ne nous fait connaître que des faits ; la raison, des principes éternels et nécessaires. Or, quoique les commandements de Dieu soient parfaitement conformes aux principes absolus que la raison nous découvre, ce ne sont pourtant que des faits, comme tout acte volontaire ; il faut donc que l'expérience se joigne à la raison pour les connaître.

Il y a deux sortes d'expérience : celle des sens et celle de la conscience. Nous connaissons par la première les faits extérieurs qui font impression sur nos organes ; la seconde nous avertit des faits intérieurs qui se produisent dans notre âme. Si la volonté de Dieu se révélait à nos sens, il faudrait qu'elle empruntât le secours du langage, que la voix de Dieu se fît entendre à nos oreilles, ou qu'elle nous fût annoncée par des interprètes sacrés que lui-même aurait inspirés. Telle est, dans l'Ancien Testament, la voix qui retentit sur le Sinaï, ou à travers un buisson ardent ; telle est, dans le Nouveau, la sublime prédication du Christ ; telle est également celle des Apôtres, après qu'ils ont reçu l'inspiration de l'Esprit-Saint. Aucune révélation ne saurait être plus efficace pour triompher des passions rebelles et pour soumettre toutes les volontés au joug du souverain maître. Mais cette révélation sensible ne peut se faire que par un miracle ; elle ne s'insinue dans les âmes qu'au moyen de la foi, qui est un don surnaturel; enfin, quelle que soit son autorité, elle est placée hors de la sphère d'un examen philosophique. Il ne faut donc pas demander aux sens cette connaissance naturelle des commandements de Dieu, qui fait l'objet de ces Recherches. On prête, il est vrai, quelquefois, une voix à la nature pour annoncer aux hommes les lois de la Providence ; on dit, avec un poëte, que les cieux instruisent la terre à révérer leur auteur ; mais ce langage de la nature ne s'adresse point aux sens ; il ne fait que réveiller dans l'âme des idées endormies, qui nous élèvent naturellement vers le Créateur et le roi de l'univers. Il faut donc laisser de côté le témoignage des sens, et recourir à celui de la conscience.

C'est en effet à la conscience que tous les hommes attribuent sans hésiter la connaissance de leurs devoirs ; c'est la faculté dont nous invoquons la lumière dans toutes nos délibérations morales ; qui nous approuve ou nous condamne, suivant que nous suivons ou que nous repoussons ses inspirations obligatoires ; dont nous affirmons l'existence chez nos semblables comme en nous-mêmes ; à laquelle nous en appelons, dans le cœur même du coupable, des succès criminels dont s'applaudit sa scélératesse.

Toutefois, quand on parle de la conscience morale, on s'en fait souvent une idée vague ; on ne sait la distinguer ni de la raison ni même de la sensibilité : tantôt, c'est un sens spécial, percevant le bien et le mal ; tantôt, c'est le sentiment du devoir, ce mouvement instinctif qui nous porte à aimer le bien ; tantôt, c'est une connaissance nécessaire et absolue, comme celle des principes rationnels. Pour éviter toute confusion, il faut ramener le nom de conscience à sa signification primitive ; il ne faut lui faire exprimer que la connaissance de nous-mêmes et de tout ce qui est en nous. La conscience proprement dite nous instruit de notre existence, de nos attributs, de nos actes, de toutes nos modifications ; la conscience morale nous révèle en nous-mêmes tout ce qui intéresse nos devoirs : elle n'est qu'une forme plus restreinte de la conscience générale.

Si toutes les idées que nous devons à la conscience, se rapportent à nous-mêmes, elle ne peut nous donner une connaissance directe de la volonté divine ; mais elle pourrait nous la révéler par les effets que produisent en nous les commandements de Dieu. L'obligation morale, quelle qu'en soit l'origine, nous imprime nécessairement certains caractères ; elle donne à nos actions ou à nos facultés des qualités nouvelles, dont notre conscience doit naturellement nous avertir. En un mot, l'obligation aboutit toujours à nous-mêmes ; si un pouvoir extérieur nous impose des devoirs, nous nous sentons soumis à ses lois, nous reconnaissons dans notre âme les marques sensibles de son empire. Il faut donc considérer, à la lumière de la conscience, ces effets de l'obligation, pour remonter jusqu'à leur principe.

Or, quand nous analysons l'idée d'obligation, il en sort une conséquence qui nous touche directement, et que nous ne pouvons nous empêcher de reconnaître en nous-mêmes : c'est notre responsabilité. Cette conséquence nécessaire de l'obligation morale nous a déjà servi à remonter jusqu'à la source de nos devoirs; elle nous servira aussi à les connaître.

Nous n'avons pas seulement conscience de notre responsabilité générale; notre conscience nous dit pour chaque action si elle nous est imputable, et par conséquent si elle est l'objet d'un devoir, si elle est bonne ou mauvaise. Voilà pourquoi c'est à la conscience qu'on attribue ordinairement la distinction du bien et du mal. Le bien et le mal, pris en eux-mêmes, ont un caractère absolu qui ne peut être connu que par la raison; mais, dans leurs rapports avec le devoir, ce sont des qualités de nos actions, que la conscience peut apprécier. Ils expriment alors une action ordonnée ou défendue, ou, en d'autres termes, une action dont nous sommes responsables.

Tout le monde sait avec quelle clarté la conscience s'acquitte généralement de cette appréciation morale. Si je veux faire tort à une personne que je hais, attaquer son honneur, gêner sa liberté, j'ai beau chercher les raisons les plus subtiles, pour justifier mes projets de vengeance, ma conscience me dit clairement que ces projets sont coupables, qu'ils sont condamnés par la loi morale, et que j'aurai à répondre de la violation de mon devoir. Si, au contraire, je sacrifie mon intérêt ou celui de ma famille à l'accomplissement d'un devoir, si je répare une erreur au préjudice de ma fortune, on aura beau me dire que mes scrupules sont exagérés, imaginer des théories et citer des exemples pour me dispenser de ce sacrifice, ma conscience me dit que je fais bien, que j'observe une loi obligatoire, et qu'une conduite contraire pourrait justement m'être imputée à crime.

Ainsi, notre conscience, en nous faisant connaître notre responsabilité, nous révèle véritablement les commandements de Dieu. Nous pouvons sans doute nous représenter nos devoirs, sans penser au législateur qui nous les prescrit, de même que nous concevons les lois de la nature, sans nous élever nécessairement jusqu'à la souveraine sagesse qui les a établies et qui les maintient toujours les mêmes ; mais les athées eux-mêmes ne se sentent responsables d'aucune action, sans qu'elle leur soit commandée ou interdite par la volonté toute-puissante du Dieu dont ils nient l'existence.

Mais, en attribuant à la conscience la révélation de nos devoirs, il ne faut pas avoir pour elle la même idolâtrie qu'on a eue pour la raison. Si nous lui prodiguons, avec Rousseau, les noms d'*instinct divin*, d'*immortelle et céleste voix*, gardons-nous de supposer que c'est elle qui nous oblige, qui nous impose nos devoirs. La conscience n'est que l'interprète de notre juge suprême ; elle n'est qu'un mode de notre intelligence ; elle nous découvre ce qui existe ; mais elle n'a pas par elle-même le pouvoir de nous commander : aussi les connaissances que nous lui devons, sont exposées, comme toutes nos connaissances, à l'obscurité et à l'erreur.

Tout n'est pas clair dans la conscience, même en dehors de la morale. Au milieu de toutes ces nuances d'idées, de jugements, de désirs, de passions, de résolutions souvent opposées, dont notre âme est le théâtre, nous sommes avertis à la fois d'une infinité de faits qui se mêlent, se confondent, et ne nous laissent en définitive qu'une impression vague de leur ensemble. Leibnitz suppose, dans l'esprit de l'homme, des perceptions insensibles, au moyen desquelles tout se suit et s'enchaîne dans nos perceptions distinctes, quoique la plupart des anneaux nous soient inconnus ; il les compare aux perceptions du bruit de chaque vague, qui se confondent sur le bord de la mer dans la perception du bruit de l'ensemble, inexplicable sans elles (1). Je ne comprends pas très-bien, je l'avoue, des perceptions qui ne sont pas senties; mais on ne peut nier qu'il n'y ait en nous bien des choses dont nous n'avons pas toujours conscience. Quand un fait particulier se produit dans notre âme, nous en sommes avertis, avec une entière certitude, au moment même où il se produit : je pense et je sais que je pense; je veux et je sais que je veux; mais un fait permanent, tel que notre caractère, nos dispositions, l'état de notre âme, les conséquences durables de nos actions, ne peut être toujours aperçu. Enfin, les faits mêmes dont nous avons conscience, se succédant instantanément, ne laissent la plupart du temps qu'une impression fugitive, immédiatement effacée par l'impression d'un fait nouveau, qui nous occupe tout entiers.

Ces difficultés sont encore augmentées lorsqu'il s'agit de la morale. Nous n'avons plus à constater la simple existence d'un fait, mais les caractères d'une action, avant même qu'elle se produise, et ceux de tous les motifs qui nous la conseillent ou nous en détournent. Pour démêler tous ces éléments, il faut nous y appliquer avec attention, les isoler autant que possible, les séparer les uns des autres et de tout ce qui les entoure; il faut, en un mot, réfléchir. Mais la réflexion, en concentrant notre examen sur certains motifs, sur certaines circonstances, nous rend étrangers à tout le reste et nous donne souvent de fausses lumières. Quand j'envisage mes actions par certains côtés seulement, quand je m'attache à un motif, et que je néglige peut-être le vrai mobile qui me détermine, je puis ne voir aucun mal dans un acte réellement coupable. Les casuistes des *Provinciales* nous parlent d'une certaine direction d'intention, qui rend blanc ce qui est noir; une attention

---

(1) *Nouveaux essais sur l'entendement*, Avant-propos.

exclusive pourrait produire quelque chose de semblable.
Tout n'est pas mauvais, en effet, dans les motifs qui nous
excitent à manquer à nos devoirs ; tout n'est pas même vicieux dans une action répréhensible. L'homme est un mélange si confus d'éléments contradictoires, qu'il veut à la
fois le bien et le mal, le juste et l'injuste ; et, dans le moment même où il viole certains devoirs, il en est d'autres,
moins importants peut-être, qu'il aurait horreur de ne pas
remplir. Le bandit italien, qui invoque la Madone en se
préparant à un meurtre, n'est qu'une image exagérée de ce
que font la plupart des hommes. Au milieu de cette confusion, nous réfléchissons naturellement aux motifs qui nous
flattent, et nous perdons de vue nos fautes et nos vices. Il
y a quelque chose de plus à plaindre que l'hypocrisie en-
durcie, qui couvre d'une apparence de vertu ses plus noirs
attentats, c'est le vice de bonne foi, qui se ment à lui-même,
qui se représente sincèrement ses passions sous leur bon
côté, pour les suivre sans scrupule, qui dirige toute son
attention sur les devoirs les plus faciles, qui en exagère
même le minutieux accomplissement, et qui s'habitue à ne
plus songer aux obligations les plus essentielles.

Dites à la plupart des hommes que leur conduite est répréhensible, qu'ils sont asservis à leurs intérêts, qu'ils sont
vindicatifs et pleins de rancune, qu'ils n'accomplissent aucun devoir de charité, ils s'étonneront de vos reproches ;
ils citeront avec complaisance tous les petits devoirs dont
ils s'acquittent régulièrement, et, s'ils peuvent prouver surtout qu'ils ne font de tort à personne, ils mépriseront profondément vos scrupules exagérés.

Il y a d'ailleurs en nous, pour obscurcir la conscience
morale, une puissance malfaisante, qui laisse en paix la
conscience ordinaire : c'est la passion, c'est l'intérêt, c'est
l'ennemi de tous les jours, dont le devoir doit triompher.
Cette puissance hostile est d'autant plus forte, qu'elle nous
plaît davantage, qu'elle nous occupe entièrement, qu'elle
attire toute notre attention. Pendant que nous calculons,

avec un soin scrupuleux, les meilleurs moyens de la satisfaire, quel temps nous reste-t-il pour interroger notre
conscience sur le caractère moral de nos actes?

Pour surmonter ces difficultés, la conscience ne trouve
en nous que deux auxiliaires : de bonnes habitudes et de
bons principes. Je n'insisterai pas sur le pouvoir de l'habitude. Elle nous rend plus facile, non-seulement la pratique
du bien, mais l'appréciation des motifs qui nous y portent
ou nous en éloignent; elle nous rend familières les réflexions morales; elle affaiblit l'influence des passions qui
nous égarent. Mais, par sa nature même, elle ne peut s'appliquer qu'aux choses qu'on fait communément. Dans les
circonstances exceptionnelles, en présence de devoirs im-
prévus et difficiles, elle n'est plus d'aucun secours; il faut
alors recourir à des principes clairs et solides.

C'est cette nécessité des principes de morale qui donne
à la raison une place légitime parmi les guides naturels de
notre vie. La raison n'est pas sans doute la source de l'o-
bligation; mais, si l'obligation vient de Dieu, elle ne peut
être contraire à ces vérités rationnelles qui subsistent en
Dieu même. Tout devoir est nécessairement conforme à la
raison, c'est-à-dire, à ces principes éternels, que la raison
conçoit et qui éclairent toute intelligence. Cette conformité
nous peut donc fournir des lumières pour déterminer nos
devoirs. Quand nous voulons savoir si une action est obligatoire, nous devons nous demander si notre raison pourrait l'accepter, si elle ne contredit aucune de ses conceptions absolues. On arrive ainsi à rattacher tous les devoirs
à certaines règles générales, à les enchaîner dans une théorie systématique, et la morale devient une science. On for-
tifie en même temps le devoir de toute l'autorité que peut
avoir sur nous notre confiance dans notre raison ou notre
amour pour les objets qu'elle nous fait connaître.

La première idée rationnelle qui puisse éclairer nos devoirs est l'idée même de l'être parfait, dont la volonté toute-
puissante nous oblige à les accomplir. On peut se deman-

der, en effet, si Dieu, tel qu'on le conçoit, pourrait commander telle ou telle action, si ce commandement se concilie avec sa sagesse ou sa bonté, ou quelqu'autre de ses attributs éternels.

On peut invoquer encore toutes les idées nécessaires, dont la raison est l'origine, telles que les idées de l'ordre universel, du bien, du juste, ou du droit. Ce sont autant d'objets auxquels le devoir doit être conforme : s'ils ne sont pas la source de l'obligation, ils peuvent du moins aider à l'apprécier, dans leurs rapports avec elle.

On peut même se servir de l'intérêt bien entendu : car la raison nous dit qu'en nous imposant des devoirs, Dieu ne veut que notre bien. Nous pouvons donc trouver dans l'observation de la loi notre véritable intérêt. L'intérêt assurément n'est pas la mesure du devoir ; mais, dans sa conformité avec le motif qui nous oblige, il peut nous servir à le connaître, et nous exciter à le suivre.

Enfin, sans considérer aucun objet particulier, il peut suffire de se représenter les caractères généraux des vérités rationnelles. Ces vérités, quel que soit leur objet, sont nécessaires, invariables, universelles. Les devoirs que Dieu nous impose, conformément à ces vérités, doivent avoir les mêmes caractères : il faut qu'on puisse les concevoir comme une loi absolue, dont l'autorité s'étende à tous les temps et à tous les lieux. Ainsi trouve son application la formule de Kant : « Agis toujours d'après une maxime telle, que tu puisses vouloir qu'elle soit une loi universelle de la nature : » principe trop général sans doute pour qu'il puisse servir dans tous les cas, et qu'il prenne la place de la conscience, mais qui n'en offre pas moins, dans beaucoup de circonstances, un utile *critérium*.

On peut également mettre à profit les autres formules du philosophe allemand : ainsi nous rechercherons si, dans notre manière d'agir, nous ne nous servons pas de l'humanité, soit en nous-mêmes, soit dans autrui, comme d'un instrument, au lieu de la considérer comme une *fin en soi*,

ou si nous pourrions exiger des autres hommes, pour assurer notre liberté, une conduite semblable à celle que nous
tenons nous-mêmes, et donner ainsi à nos déterminations
volontaires le caractère d'une législation universelle.

On voit donc quelle méthode on peut suivre pour apprécier avec certitude les règles de la morale. On interroge
d'abord la conscience ; puis, comme son témoignage peut
être obscur ou incomplet, on le soumet ensuite au contrôle
de la raison.

C'est, en effet, la marche que suivent tous les hommes, et
les philosophes eux-mêmes. Nous trouvons tous dans notre conscience les règles de nos devoirs, avant d'avoir consulté notre raison ; puis nous essayons de nous en rendre
compte d'après des principes nécessaires. Mais il faut bien
se garder de croire qu'en joignant le témoignage de la raison à celui de la conscience, on arrivera toujours par cette
voie à une complète certitude. La raison, en effet, comme
toutes nos facultés, peut être mal appliquée, et devenir ainsi
une source d'erreurs. Elle a de plus, comme on l'a vu, des
défauts qui lui sont propres. Elle a surtout pour objet des
principes universels, et ses conceptions ne sont jamais plus
claires que lorsqu'elles s'éloignent le plus de tous les faits
particuliers. En appliquant à la morale les principes de la
raison, on la réduit donc en formules, on envisage les circonstances, les caractères les plus généraux, et on fait
abstraction de tout le reste. Mais, quand vient le moment
d'appliquer ces formules, il faut tenir compte de tous ces
éléments qu'on a laissés de côté ; il faut faire entrer dans
l'appréciation d'une action toutes les circonstances dont
elle est accompagnée, toutes les passions, toutes les idées
qui l'ont inspirée, l'éducation, les préjugés, les influences
diverses auxquelles est soumis l'auteur de cette action.
Quelle théorie générale pourrait embrasser toutes ces conditions, qui cependant constituent l'ensemble d'un acte
moral ?

Pour échapper à ces difficultés, la philosophie morale se

renferme ordinairement dans les préceptes les plus généraux ; elle renonce à la prétention de tout expliquer et de tout prévoir. Elle évite ainsi de graves erreurs ; mais en revanche elle est moins pratique ; elle exige un plus long détour pour arriver aux applications. Aussi, dans ce passage pénible de la maxime universelle aux devoirs particuliers, combien d'erreurs ne sont pas à craindre ! Dans sa généralité, la maxime est incontestable ; mais elle n'est qu'une forme vide. Si on n'y peut faire entrer les actions qu'elle doit diriger, elle est tout à fait stérile ; s'il faut laisser de côté quelques-unes de leurs circonstances , s'il faut en un mot les mutiler pour qu'elle puisse s'y appliquer, c'est souvent une règle dangereuse.

Enfin, des principes généraux ne donnent pas une mesure pour apprécier exactement, au point de vue de l'expérience, les divers caractères des actes particuliers dont ils doivent expliquer la valeur morale. Ils ne peuvent donc pas empêcher les erreurs d'observation : quelle que soit leur certitude, si on leur soumet des données incomplètes, ils n'en sauraient faire sortir des conclusions exactes.

Il y a en outre un danger qui est propre à la raison, et qui tient précisément au caractère absolu des vérités qu'elle nous révèle. Lorsqu'une action nous paraît rentrer dans quelque principe rationnel , nous croyons sans hésiter qu'une telle action ne peut être mauvaise. Préoccupés du principe et de sa valeur morale, nous ne songeons point à examiner l'acte particulier auquel il s'applique ; nous marchons résolument à la lumière de cette proposition absolue, où nous voyons notre devoir, et, forts de cette conviction, nous irons peut-être jusqu'au crime, en méprisant profondément les petits esprits, qui, se perdant dans les détails, ne comprennent pas nos principes, et flétrissent notre conduite.

Il n'y a qu'un moyen de se soustraire à ces dangers. Après avoir consulté la raison , après nous être appuyés sur ses conceptions universelles, nous devons revenir au témoignage de la conscience, et lui soumettre, en dernier ressort, et les principes rationnels et leurs applications. C'est en effet la conscience qui reçoit la révélation des commandements divins ; c'est elle seule qui peut nous dire si les règles qu'on nous propose sont conformes à ces commandements.

Mais la conscience elle-même ne peut apprécier que ce qu'on lui présente. Si on lui soumet une maxime générale, elle ne peut en prévoir toutes les applications vicieuses ; et, si on l'interroge sur les applications, sans lui exposer en même temps toutes les circonstances et toutes les conditions dont elle devrait tenir compte, elle ne peut rendre évidemment qu'une décision incomplète. N'oublions pas enfin toutes les causes de confusion qui lui sont inhérentes, au milieu de ces faits multiples et de ces luttes continuelles dont notre âme est le théâtre, en présence de ces passions dominatrices, qui sont intéressées à étouffer son témoignage, et nous serons forcés d'avouer que rien n'est plus difficile que la détermination du devoir.

Quelle misère est-ce donc que l'homme, pour parler avec Pascal ! Dieu lui impose lui-même des lois obligatoires que sa conscience a pour mission de lui présenter sans cesse, et cet interprète de la loi, semblable à la renommée aux cent bouches de la poésie antique, chargée de tous côtés d'une infinité de messages, ne fait entendre souvent qu'un murmure vague et confus ! Nous avons pour nous conduire une intelligence puissante, qui, sous le nom de raison, nous fait connaître des vérités immuables et nécessaires, et cette raison sublime, en nous éclairant sur nos devoirs, nous éloigne des applications, et nous entraîne malgré nous vers les théories vides et abstraites ! Nous n'avons donc aucun guide, auquel nous puissions confier sans crainte la direction de notre vie. Où trouverons-nous des secours ? d'où nous viendra la lumière ?

Si notre intelligence, en nous montrant nos devoirs, ne suffit pas pour nous éclairer, nous devons remonter jusqu'à la source même d'où émane l'obligation morale. La loi de nos actions nous est d'abord imposée par notre propre volonté, quand rien ne gêne sa liberté, et qu'elle exerce un empire absolu sur toutes ses déterminations. Sachons donc conquérir cette possession de nous-mêmes, qui, en nous arrachant à toute influence fatale, nous permet d'être à nous-mêmes notre fin et notre loi. Si aucune passion, aucune séduction du dehors n'altère notre indépendance, rien ne pourra nous asservir à tous ces objets divers qui font impression sur nos sens, rien ne pourra prévaloir contre la voix de notre raison ; nous agirons toujours d'après des principes nécessaires, et notre volonté ne se portera vers aucune action qui ne puisse être érigée en maxime universelle. Nous deviendrons ainsi, dans nos libres déterminations, nos propres législateurs et les législateurs du genre humain. Dès lors, nous n'aurons plus à craindre les égarements de notre conscience, les théories trop générales de notre raison ; devenus maîtres de nous-mêmes, nous n'aurons plus qu'à vouloir ; nous suivrons infailliblement, dans tous nos actes volontaires, ces idées du beau, du bien et du juste, dont nous trouvons le type dans la perfection divine.

Cette pleine indépendance du sage est précisément l'idéal qu'avaient rêvé les stoïciens, et qu'a renouvelé le philosophe de Kœnigsberg. Plus nous approcherons de cet idéal, plus nous verrons disparaître tous les nuages qui nous cachent nos devoirs, tous les ennemis intérieurs qui nous provoquent à les négliger. Mais n'est-ce pas un immense orgueil, dans notre condition mortelle, que d'en espérer la complète réalisation ? Et ces prétentions orgueilleuses de la sagesse stoïcienne, n'ont-elles pas pour effet de nous replacer plus que jamais sous l'empire des passions, dont nous nous flattions de nous affranchir ? « Ma liberté, dit Bossuet, n'est pas une indépendance : il me fallait une liberté sujette, ou, si l'on aime mieux parler ainsi avec un Père de l'Église, une servitude libre sous un seigneur souverain : *libera servitus*, et c'est pourquoi il me fallait un précepte, pour me faire sentir que j'avais un maître (1). » N'oublions donc jamais cette salutaire dépendance, qui nous fait retrouver la possession de nous-mêmes dans notre soumission aux lois d'un supérieur. Développons en nous cette *liberté sujette* qui nous rend esclaves, pour mieux nous affranchir. Notre conscience suffit quelquefois pour nous indiquer nos devoirs, sans que nous ayons besoin d'élever notre pensée vers le législateur qui nous les impose; mais nous ne serons jamais assez libres d'esprit ni assez maîtres de nous-mêmes pour écarter tous les voiles derrière lesquels se cache l'obligation morale, pour réduire au silence toutes les passions hostiles qui l'obscurcissent ou qui la dénaturent, si nous ne savons pas nous placer sous la direction de Dieu même, abdiquer en ses mains notre fausse indépendance, et, sous le joug du meilleur des maîtres, accepter sans réserve une volontaire servitude. Une âme qui se donne à Dieu tout entière, qui ne songe qu'à lui obéir, qui n'est occupée que de lui plaire, s'affranchit naturellement de ces intérêts et de ces passions qui captivent la plupart des hommes ; elle n'a plus rien qui la détourne de l'accomplissement du bien, de l'observation du devoir ; en se pliant aux lois de Dieu, elle a ressaisi complétement le gouvernement de ses actions ; sa volonté tend d'elle-même à réaliser le type de sainteté que lui offre la volonté divine, et qu'elle s'est proposé pour modèle.

Mais, pour nourrir dans notre âme ces sentiments de dépendance qui nous rendent en quelque sorte naturelles et familières les vertus les plus difficiles, le seul moyen qui soit efficace, c'est l'aveu constant de notre impuissance, c'est la pratique habituelle de la prière. On a souvent prétendu que la prière est inutile, que nous ne pouvons

---

(1) *Élévations sur les mystères*, cinquième semaine, troisième élévation.

espérer de changer les arrêts du ciel, et qu'il est ridicule de demander à Dieu ce qu'il est décidé d'avance à nous accorder ou à nous refuser. Si ces objections avaient quelque valeur, elles n'auraient pas moins de force contre la liberté elle-même. Comment serions-nous libres, disent en effet les fatalistes, quand il est certain que toutes nos actions sont prévues éternellement dans les décrets de la Providence ? Nous croyons cependant à notre libre arbitre, quoiqu'il semble inconciliable avec la prescience divine. N'ayons pas moins de foi dans l'efficacité de la prière, en dépit des arguments qui la déclarent incompatible avec la volonté immuable du souverain maître. Mais, quand même ces arguments devraient avoir quelque crédit, il est une efficacité qu'on ne saurait refuser à la prière, et qui suffit pour lui conserver toute son influence sur notre âme. Élever vers Dieu notre cœur, lui demander humblement tous les secours dont nous avons besoin, ne rien attendre que de sa bonté, n'est-ce pas nous pénétrer de ces sentiments de dépendance, de soumission volontaire aux lois divines, sans lesquelles nos passions ne perdront jamais leur empire? Celui qui prie du fond de l'âme, avec une ferveur sincère et réfléchie, écarte de son esprit toute idée mondaine et profane qui pourrait le détourner de ce devoir, il chasse de son cœur tous les désirs égoïstes qu'il rougirait d'exposer devant Dieu ; il force enfin sa volonté à n'obéir qu'aux ordres divins. Qui pourrait nier qu'il ne devienne meilleur, qu'il n'acquière plus sûrement la connaissance de ses devoirs, qu'il ne les accomplisse avec plus de constance? Quand ils nous sont dictés par notre volonté, tous nos devoirs nous apparaissent comme des devoirs envers nous-mêmes ; mais, quand, par la prière, nous remettons notre âme entre les mains de notre créateur, ils deviennent véritablement des devoirs envers Dieu, et nous les rapportons ainsi à leur première origine. Ils n'auraient pas à nos yeux tous les caractères essentiels qui assurent leur autorité, ils n'éveilleraient pas dans notre âme les sentiments qu'ils doivent nous inspirer pour le législateur qui nous les impose, si nous ne savions pas, en les observant, nous élever à Dieu par l'habitude de la prière.

Mais, si la prière est un devoir, il est permis d'espérer que Dieu, qui l'exige de nous, ne la laisse pas sans récompense ; qu'il nous devient plus présent, et, si j'ose dire, plus intime, quand nous implorons son secours ; qu'il éclaire notre intelligence, en dissipant les erreurs qui nous troublent et qui nous égarent ; qu'il purifie notre cœur, en le remplissant d'amour pour ses perfections infinies ; qu'il arme enfin notre volonté contre toutes les faiblesses qui lui ôtent la disposition d'elle-même. Si tout devoir vient de lui, pouvons-nous penser qu'il nous laisse sans défense contre tous les égarements qui empêchent notre conscience de reconnaître ses commandements, notre raison de les comprendre ? Sachons donc mériter qu'il nous arrache à nos ennemis, et qu'il nous conduise par la main vers le but qu'il nous a tracé, en lui offrant toutes nos pensées, tous nos sentiments, toutes nos actions, en plaçant en lui toutes nos espérances, en embrassant avec joie ce salutaire esclavage, qui seul peut nous assurer l'usage de notre raison et la possession de notre liberté. Rien ne doit nous dispenser de cette précieuse obligation : sous la loi du pur déisme, comme au sein des religions positives, il faut sans cesse prier Dieu, implorer ses lumières et lui témoigner notre dépendance. On n'est pas vraiment honnête homme, on ne remplit pas ses devoirs, si on ne pense jamais à Dieu, si on attend tout de soi-même, si on n'a pas, en un mot, tous les sentiments dont l'expression constitue la prière. Il ne faut pas qu'en rapportant à Dieu l'origine de l'obligation, nous n'élévions qu'une théorie stérile : les résultats de ces Recherches n'auraient aucune valeur, s'ils ne fortifiaient pas dans notre âme nos sentiments d'amour et de respect pour cette volonté souveraine qui nous rend plus sages et plus libres, en nous soumettant à ses ordres, et s'ils ne donnaient pas à la morale pratique, aussi bien qu'à la morale théorique, une base profondément religieuse.

CHAPITRE SEPTIÈME.

DE LA SANCTION DE LA MORALE.

Aucune loi obligatoire n'est réellement efficace, si elle
ne reçoit une sanction, c'est-à-dire, si une autorité suprême n'en assure l'exécution, en récompensant ceux qui
l'observent et en punissant ceux qui l'enfreignent, suivant
leur mérite ou leur démérite. Je n'ai pas eu besoin, pour
expliquer l'origine de l'obligation morale, de faire intervenir cette idée d'une sanction. Nous pouvons voir en Dieu
notre législateur, sans penser aux craintes que sa justice
inspire au coupable, au bonheur éternel qu'elle promet à
l'homme de bien. Il convient cependant d'examiner ces
idées de sanction, de mérite et de démérite, de récompense
et de châtiment ; elles confirmeront tous les principes que
j'ai cherché à établir.

Quand on fonde la morale sur un commandement de la
raison, ou sur les principes constitutifs de la nature humaine, il semble difficile d'établir cette nécessité d'une
sanction, c'est-à-dire, d'une consécration, sans laquelle la
morale reste incomplète. Si nous écoutons notre raison, si
nous obéissons à la voix de la nature, nous augmentons
notre liberté, notre dignité, notre valeur morale ; nous
nous dégradons, au contraire, si nous agissons d'une manière déraisonnable ou contre nature. Voilà certainement,
dans cet accroissement ou cette diminution de notre être,
une récompense ou un châtiment dont la source est en

nous-mêmes, et où l'on peut trouver une première sanction de la morale. Mais cette sanction est-elle suffisante? Ne faut-il tenir aucun compte des biens ou des maux extérieurs, qui sont aussi pour nous des récompenses ou des peines, quoiqu'ils ne dépendent pas de nous, et qu'ils soient produits la plupart du temps par des causes tout à fait fatales? Il n'appartient pas à notre raison de changer le cours des choses, pour nous rendre heureux ou malheureux, suivant nos vertus ou nos vices : ces jouissances et ces souffrances qui nous viennent du dehors, et sur lesquelles elle ne peut rien, n'auront-elles aucune place dans la sanction de la morale?

Une école célèbre, l'école stoïcienne, qui, plus qu'aucune autre, a proclamé la souveraineté de la raison dans la direction morale de notre vie, avait pris pour un de ses principes l'indifférence absolue, à l'égard des biens et des maux dont nous ne sommes pas les auteurs. Plaçant en nous-mêmes l'origine de l'obligation, elle y plaçait aussi la sanction de la loi morale. Quand la raison a ennobli et, pour ainsi dire, divinisé la volonté qui lui obéit, quand elle a rabaissé au niveau de la brute celle qui lui résiste, que lui importe, suivant le stoïcien, tout ce qui est extérieur? Mais quoi? Si l'honnête homme est méconnu, s'il est calomnié, trahi, persécuté, accablé de maux immérités, ne doit-il espérer aucun dédommagement? Et, si le méchant vit au sein du bonheur, s'il est considéré malgré ses crimes, et comblé de tous les dons de la fortune, son insolente prospérité ne crie-t-elle pas vengeance? La raison proteste elle-même contre l'indifférence stoïcienne. Cette inégalité dans la distribution des biens de ce monde la choque et lui répugne, quoiqu'elle n'en soit pas responsable. Il faut donc qu'elle cherche hors d'elle-même une puissance infiniment juste, qui lui donne satisfaction en rétablissant l'équilibre conformément au mérite des hommes. Ainsi la raison a beau déclarer qu'elle se suffit à elle-même pour fonder l'obligation, elle a besoin de recourir à

Dieu, de faire intervenir sa volonté sainte, pour donner aux lois morales leur sanction nécessaire. Examinons comment on explique cette intervention du souverain Maître.

Kant a cru intéresser la raison au bonheur de la vertu et aux souffrances du vice, au moyen de la conception du souverain bien. Si la loi puise en elle-même, dans une idée de la raison pure, toute sa force obligatoire, elle a cependant un objet extérieur, qui n'est autre que le bien. Or, le bien, dans sa perfection idéale, ne consiste pas dans la seule observation du devoir, mais dans l'accord complet de la vertu et du bonheur. C'est donc cet accord qui est l'objet de la loi. Or, des deux termes qu'il suppose, il en est un, le bonheur, qui ne dépend pas de nous, et que Dieu seul peut réaliser. La loi aurait donc un objet qu'il serait impossible d'atteindre, elle serait par conséquent incomplète et contradictoire, si Dieu n'intervenait pas pour produire le souverain bien.

Telle est la manière dont Kant établit la nécessité d'une sanction de la morale. Mais il confond évidemment, dans cette partie de sa doctrine, la loi de l'homme et celle de Dieu. Notre loi ne nous ordonne que ce qui est en notre pouvoir; elle nous fait un devoir de pratiquer le bien, mais non de rechercher le bonheur. Ce souverain bien, dont Kant nous trace un si magnifique idéal, est l'objet de la loi morale pour la volonté de Dieu, qui doit le réaliser, mais non pour notre volonté. Si ce but suprême n'est pas atteint, on a le droit d'en conclure que Dieu manque à sa loi, ou plutôt qu'il n'existe pas, puisque, dans le système de Kant, son existence ne se démontre pas en elle-même; mais il ne suit pas de là que la loi morale soit incomplète: car l'autorité de la loi ne saurait dépendre de la manière dont elle est appliquée, soit par nous, soit par Dieu. Les peines et les récompenses nous apparaissent donc simplement comme une conséquence de la justice divine, mais non comme une sanction ou une consécration nécessaire de la loi morale.

On peut faire les mêmes réflexions sur l'idée de l'ordre universel, qu'on regarde quelquefois comme le fondement de la nécessité des récompenses et des peines. Les maux des justes, le bonheur des méchants, sont sans doute contraires à l'ordre, et répugnent à l'idée que nous devons nous faire de la sagesse divine. Mais cet ordre nécessaire semble n'avoir aucun rapport avec la sanction de la morale. Si tout était mieux réglé dans le monde, la raison serait sans doute plus satisfaite; mais ses préceptes seraient-ils plus complets, recevraient-ils pour cela une consécration nouvelle?

Enfin, on se fonde surtout sur les idées du mérite et du démérite, pour réclamer l'intervention de Dieu. L'observation de la loi entraîne nécessairement du mérite, et sa violation, du démérite. Or, la conséquence de l'un, c'est une récompense, et celle de l'autre, un châtiment. La loi du devoir ne porte donc pas tous ses effets, s'il n'y a pas une autorité qui la complète ou la confirme, en dispensant aux hommes, suivant leur conduite, le bonheur ou le malheur. Voilà, en effet, une véritable sanction, rigoureusement établie. Mais remarque-t-on le singulier rôle qu'on fait jouer à Dieu? On se passe de lui pour fonder la morale; on déclare que l'athéisme n'enlèverait au devoir rien de son caractère obligatoire; puis, quand on arrive au dénouement, quand il faut régler, d'après leur mérite, le sort de tous les personnages qui ont joué leur rôle sur la scène de la vie, on fait intervenir la justice suprême, comme une divinité de théâtre, et on la charge de satisfaire le spectateur scrupuleux, en châtiant le vice et récompensant la vertu!

Il m'est permis de soutenir qu'en attribuant à Dieu lui-même l'origine de l'obligation, on arrive à des conséquences beaucoup plus raisonnables.

C'est encore l'idée de notre responsabilité qui nous conduira à reconnaître la nécessité d'une sanction.

Quiconque reçoit des ordres qui engagent sa responsabilité, doit offrir des garanties à celui qui lui donne ces

ordres ; il faut qu'il puisse répondre de la manière dont il
s'acquitte de la mission dont il est chargé. S'il remplit mal
cette mission, il doit au supérieur dont il est l'agent responsable, le sacrifice des avantages dont il jouissait, et qui
en garantissaient le fidèle accomplissement. Or, dans nos
rapports avec Dieu, nous lui sommes entièrement soumis
dans tout l'ensemble de nos actions, de nos sentiments et
de nos pensées. Nous lui devons donc, comme garantie des
devoirs qu'il nous impose, et dont il nous rend responsables,
notre personne tout entière, et tous les biens extérieurs
dont nous avons la disposition. En un mot, nous n'avons
rien qui n'appartienne à nos devoirs et à celui qui nous les
impose, et dont le législateur suprême ne puisse exiger le
sacrifice pour assurer notre responsabilité.

Quand nous violons la loi de Dieu, nous tâchons d'user
pour nous-mêmes, en les détournant à notre profit, de ces
biens que nous lui devons. Si nous pouvions le faire impu-
nément, si tôt ou tard il ne fallait pas rendre ce que nous
lui prenons, notre responsabilité serait tout à fait illusoire.
Dieu nous charge d'accomplir sa volonté souveraine ; il dirige vers un but que lui-même a tracé, le libre emploi de
nos facultés ; nous pouvons assurément nous refuser à lui
obéir ; mais, ou nous n'avons aucun compte à lui rendre et
nous sommes tout à fait indépendants de sa toute-puissance, ce qui implique contradiction, ou il nous reprendra
un jour l'équivalent, la garantie de ce que nous lui devions
donner de plein gré. « Comme personne n'est supérieur
aux lois du Créateur tout-puissant, dit saint Augustin, il
n'est pas permis à l'âme de ne pas payer ce qu'elle doit :
elle rend ce qu'elle a reçu par le bon usage qu'elle en fait ;
elle rend également, en s'en voyant privée, ce dont elle n'a
pas voulu bien user ; ainsi, si elle ne paie pas sa dette en
pratiquant la justice, elle la paiera en souffrant le châtiment (1). »

_____

(1) Quia nemo superat leges omnipotentis Creatoris, non sinitur

12

Telle est l'origine des peines, telle est la sanction qu'elles donnent à la morale, en rendant efficace la responsabilité humaine. Ainsi s'expliquent les expressions des langues anciennes : *payer sa peine, donner ou rendre le châtiment (pœnam pendere, dare, reddere).* Le criminel, en effet, doit à la loi le supplice qu'elle le condamne à subir. La liberté, le bonheur, les avantages dont il continue à jouir, sont un vol qu'il lui fait : en sacrifiant tous ces biens, en subissant la captivité, la douleur et la misère, il donne, il rend, il paie ce qu'il possédait injustement.

On comprend par là la moralité de la peine pour celui qui la subit volontairement et sans murmure. Tant qu'il conserve les biens dont il devait le sacrifice à la loi qu'il a violée, il n'est pas quitte envers elle ; la souillure de son crime subsiste toujours en lui. Ce n'est pas assez de se relever par une vie meilleure, par une pratique plus assidue, plus scrupuleuse du devoir, il y a une restitution qu'il est tenu avant tout de s'imposer à lui-même : c'est la restitution de son bonheur usurpé. A ce prix seul, il redevient honnête homme, et, soit qu'il coure au-devant de la peine, soit qu'elle lui soit infligée par une puissance supérieure, il doit en subir de plein gré la rigueur salutaire, comme la condition et le sceau de sa réhabilitation.

C'est là le sens de la profonde théorie de l'expiation dans le *Gorgias* de Platon. Il ne faut pas, sans doute, par une affectation de vertu, qui pourrait paraître à bon droit suspecte, rechercher les châtiments publics, infligés par les tribunaux humains. Il y a, en effet, une justice suprême dont la nôtre n'est que l'image, et qu'on peut satisfaire modestement, en secret, sans ce vain étalage, qui ne convient pas à l'humble repentir. On peut, d'ailleurs, en

anima non reddere debitum : aut enim reddit bene utendo quod accepit, aut reddit amittendo quo bene uti noluit. Itaque, si non reddit faciendo justitiam, reddet patiendo miseriam. (*De libero arbitrio*, lib. III, cap. XV.)

choisissant ses souffrances, sans en alléger le poids, les
rendre vraiment utiles. Si on renonce à sa prospérité,
on peut en faire jouir ses semblables moins fortunés ; si on
sacrifie sa liberté, on peut se faire le serviteur des pauvres
et de ceux qui souffrent ; si on abaisse son orgueil, on
peut rechercher, avant tout, la noble humilité de la bienfaisance qui se cache, qui se dérobe à la reconnaissance,
ou qui s'en déclare indigne.

On fera ainsi tomber les objections de quelques moralistes, qui reprochent à l'expiation de détourner l'âme du
bien qu'elle pourrait faire, pour l'occuper exclusivement
des inutiles privations qu'elle se croit obligée de supporter.
Il ne faudrait pas, toutefois, tomber dans l'excès contraire.
Il y a dans la pratique du bien une douce satisfaction, dont
le criminel même ne peut pas se défendre, et qui se concilie mal avec l'amertume du remords et les salutaires souffrances d'un châtiment mérité. S'il est permis de choisir sa
peine et de la rendre profitable à l'humanité, il faut se dérober autant que possible à cette satisfaction si naturelle ;
il faut lui opposer les justes tourments d'une conscience
alarmée, qui ne cesse jamais de se reprocher ses fautes.
C'est une privation difficile, mais sans danger, et ce n'est
pas la moins forte ni la moins efficace.

Aussi, c'est en nous-mêmes, dans la désapprobation de
notre conscience, dans notre repentir, dans nos remords,
que nous trouvons notre premier châtiment. Nous savons,
en effet, qu'en manquant à nos devoirs, nous renonçons à
notre liberté, à notre empire sur nos passions, au gouvernement de notre âme. Or, cet abandon de nous-mêmes
n'est pas toujours complet : il y a une infinité de degrés
dans notre déchéance morale. Tantôt, nous sacrifions nos
devoirs, sans lutter pour y rester fidèles ; tantôt, nous faisons quelques efforts, pour arracher notre volonté à la ten-
tation victorieuse d'une passion coupable ; tantôt, enfin,
notre volonté ne recule que devant les plus grands sacrifices qu'eût exigés nécessairement l'accomplissement de

notre devoir. Notre défaite varie donc en proportion des combats qu'il eût fallu soutenir, et c'est dans ces degrés de notre abaissement que consiste notre démérite : il exprime, à proprement parler, la diminution qu'a subie notre liberté, en se laissant dominer par l'intérêt ou les passions. Nous avons naturellement conscience de cette diminution, de cette dégradation de notre âme, et nous ne pouvons la sentir, sans qu'elle nous soit pénible et douloureuse, comme tout mal qui est en nous. De là les reproches de la conscience ; de là les angoisses du remords ; de là ces châtiments intérieurs qui sont une conséquence nécessaire de notre faiblesse, et que nous nous infligeons en quelque sorte à nous-mêmes : c'est, en effet, notre volonté, qui, en abdiquant le gouvernement de ses actes, détermine notre démérite et commence elle-même notre punition.

Ces premiers châtiments, qui naissent pour notre âme du sentiment de nos fautes, sont la condition de tous les autres. D'où vient que le mépris public est quelquefois pour un coupable une punition suffisante? C'est qu'il confirme et corrobore le témoignage de la conscience. Nos remords ne sont pas complets, quand nous pouvons leur opposer l'approbation de ceux qui nous entourent. Quelle raison se sent assez ferme, quelle conscience assez sûre d'elle-même, pour condamner sans hésiter ce qu'on voit absous par la plupart des hommes? N'est-ce pas l'opinion, à défaut des lois positives, qui est la mesure ordinaire des jugements que nous portons, soit sur nos propres actions, soit sur celles de nos semblables? Mais, quand cette même opinion s'élève contre nous, quand elle nous couvre de mépris et de honte, qui oserait soutenir son arrêt sans une humiliation déchirante? N'est-ce pas pour le coupable, s'il n'est pas mort à l'honneur, une véritable expiation? Mais, si nous sommes innocents, ou si notre conscience est muette, verrons-nous autre chose, dans cette flétrissure de l'opinion, qu'une injustice révoltante? Nous fera-t-elle courber la tête comme un juste châtiment?

On peut en dire autant des peines infligées par les lois humaines. Si elles n'ont pas pour effet d'éveiller le remords, si la conscience n'en approuve pas la rigueur salutaire, elles ne sont qu'un des mille accidents auxquels la vie est exposée ; on peut en souffrir cruellement, comme on souffre d'une maladie, d'une blessure, d'un violent chagrin ; mais elles n'auront pas, pour celui qui les subit, le caractère moral d'une véritable punition. En nous frappant des coups les plus affreux, Dieu lui-même ne nous châtierait pas, si notre conscience ne se joignait à lui pour nous faire expier nos fautes.

Mais, si les châtiments extérieurs ne se suffisent pas à eux-mêmes, s'ils doivent trouver leur confirmation dans l'âme même du coupable, ils n'en sont pas moins nécessaires. Il est d'abord essentiellement juste que le crime soit méprisé, qu'il excite une réprobation universelle : la conscience de tous les hommes se manquerait à elle-même, si elle laissait passer, sans la flétrir, la violation des devoirs que tous sont obligés d'observer ; ces nobles sentiments qui nous attachent à la loi morale, seraient étouffés ou pervertis, si cette loi sacrée, qui est notre bien commun, pouvait être foulée aux pieds, sans soulever notre indignation. Il est également nécessaire qu'il y ait des châtiments publics, institués par la société : la loi de l'Etat, comme celle de Dieu, demande une sanction ; il faut que ceux qu'elle gouverne, répondent de la liberté qu'elle leur laisse ; qu'ils lui offrent des garanties qu'elle ait le droit de réclamer, quand ils violent ses prescriptions, et qui soient proportionnées au tort qu'ils peuvent faire à la société ; il faut, en un mot, que le criminel ne puisse nuire aux droits d'autrui, qui sont protégés par la loi, sans se nuire à lui-même, sans mettre en péril ses biens, sa liberté ou sa vie. Enfin, au-dessus des jugements variables de l'opinion, au-dessus des sentences des tribunaux humains, au-dessus même des remords et des angoisses de la conscience, il est nécessaire que Dieu punisse directement ceux qui outragent sa loi souveraine.

La justice des hommes, quelque parfaite qu'on la suppose, ne connaît et ne châtie que les actes extérieurs ; le fond des cœurs lui échappe ; elle est forcée de laisser impunies des infamies et des lâchetés, qui n'ont pour témoin que la conscience. La conscience elle-même ne parle pas toujours ; sa voix est souvent étouffée par le murmure confus des passions, et l'amertume du remords ne se fait pas toujours sentir, au milieu de l'enivrement du succès. Il n'y a qu'une justice qui ne fasse jamais défaut : c'est celle du législateur dont la volonté est la source de toute obligation morale ; rien ne saurait nous dispenser de la satisfaire, et, si nos remords ne l'ont pas prévenue, si nous n'avons pas délivré notre âme, par une expiation volontaire, du mal qui la souillait, cette justice souveraine saura tôt ou tard exiger la réparation qui lui est due, et, en provoquant nos inutiles regrets, nous faire payer à la fois nos fautes longtemps triomphantes et la lenteur de notre repentir.

Mais, quelle que soit l'origine de la peine, qu'elle vienne de la conscience, du jugement des hommes, ou de celui de Dieu, il ne faut pas croire qu'elle rachète entièrement la faute. En nous ôtant les avantages dont la loi réclame le sacrifice, elle nous ôte en même temps une partie de l'iniquité que nous portions en nous-mêmes, mais elle ne détruit pas le mal qui a été fait : aucune puissance au monde ne saurait le détruire. Si vous avez tué un homme, la peine que vous subissez, la perte de vos biens, de votre liberté et même de votre vie, empêche-t-elle qu'il ne soit mort, qu'il ne soit tombé sous vos coups ? Si vous avez dérobé le bien d'autrui, vous pouvez sans doute le restituer ; mais effacerez-vous en même temps les peines, les ennuis, les tourments que votre crime a causés ? Nous ne pouvons rien sur le passé ; toutes les réparations que nous pouvons offrir, ne portent que sur le présent : elles ne feront jamais que ce qui a été fait, n'ait pas eu lieu, et qu'on n'en ait pas souffert, ne fût-ce que la durée d'un jour.

Si nous ne devons jamais croire que nos crimes soient

rachetés, que nous soyons entièrement quittes envers la justice divine, où sera notre recours? Dans la miséricorde de Dieu, qui nous fait grâce d'une partie de notre dette. Nous devons donc l'implorer avec humilité, et, quelque châtiment que nous ayons déjà subi, conserver devant lui l'attitude d'un coupable qui a toujours besoin de clémence. D'où viennent ces humiliations souvent exagérées, que l'opinion publique inflige à ceux qu'a flétris une condamnation? Il semble qu'ayant subi leur peine, ils aient satisfait la justice humaine. On ne le croit pas cependant : le mal qu'ils ont fait, les poursuit toujours, il établit entre eux et les honnêtes gens une barrière infranchissable. Dieu seul, plus clément que les hommes, pourra les relever de cette flétrissure.

Mais, si la peine nous apparaît, avec ce caractère nécessaire et terrible, comme une réparation insuffisante du mal que nous avons fait, s'il faut, non-seulement la subir dans toute sa rigueur, mais encore implorer la miséricorde divine, pour qu'elle nous décharge du poids de nos fautes, n'y a-t-il pas, dans la seule crainte des suites redoutables d'une mauvaise action, le motif le plus fort qui puisse nous détourner de la commettre? Et notre intérêt personnel, qui nous inspire cette crainte, ne devient-il pas le mobile dominant de notre conduite morale?

Il est certain qu'on n'agirait pas par devoir, mais seulement d'une manière conforme au devoir, si l'on ne songeait qu'à se dérober au châtiment; mais il n'est pas moins évident qu'une loi dépourvue de sanction serait incomplète et inefficace, laissant échapper d'un côté ce qu'elle semblerait exiger de l'autre, nous imposant une responsabilité qui resterait sans garantie, en un mot, se contredisant elle-même. La loi est une et entière dans toutes ses parties, dans ses prescriptions obligatoires, comme dans les peines qu'elle institue, pour en assurer l'exécution; la crainte du châtiment se joint donc toujours au respect qu'elle inspire. Le véritable mobile moral est un respect mêlé de crainte ou une crainte respectueuse : il nous élève, en nous présentant un commandement de Dieu, qui nous appelle à seconder ses desseins ; il nous humilie, en nous faisant entendre les mots de contrainte et de menace ; il est conforme, en un mot, à la double nature de l'obligation, où nous trouvons à la fois notre affranchissement et la marque de notre dépendance.

Mais la crainte n'est pas le seul mobile qui se joigne au respect de la loi ; il se complique aussi d'un sentiment d'espérance. La loi morale n'a pas seulement des menaces pour ceux qui l'outragent, elle a aussi des promesses pour ceux qui l'observent : si elle punit, elle récompense.

La nécessité des récompenses se rattache au même ordre d'idées que celle des châtiments. Tout ce que nous possédons, servant de garantie à notre responsabilité, appartient à la loi morale, et nous sommes obligés de l'exposer pour son service. La volonté divine, en nous imposant des devoirs, nous enlève la disposition de nous-mêmes et de nos biens, et, plus nous nous montrons zélés dans l'accomplissement de nos devoirs, plus nous augmentons nos privations et nos sacrifices. Or, la loi serait imparfaite et injuste, si elle tendait à dépouiller ses plus fidèles observateurs des avantages dont ils jouissent : de même qu'on ne peut violer la loi sans lui devoir un dédommagement, elle doit de même indemniser ceux qu'elle prive, à son profit, des biens les plus légitimes. Ainsi s'explique l'idée des récompenses. Au moyen des récompenses, le législateur rend à ceux qui lui obéissent, l'équivalent de ce que leur coûte l'accomplissement du bien, comme au moyen des châtiments, il prend à ceux qui lui résistent, le bonheur immérité dont ils lui doivent le sacrifice.

C'est en nous-mêmes que nous trouvons notre première récompense, comme notre premier châtiment, dans l'approbation de notre conscience, dans le sentiment de notre mérite. Nous n'accomplissons la loi morale qu'en nous rendant maîtres de nous-mêmes, en développant notre liberté.

Or, cet empire souverain que nous devons exercer sur nos actions, ne s'acquiert qu'au prix de longs efforts, de luttes pénibles, de douloureux sacrifices. Il faut que le cœur saigne, pour que l'âme s'élève, il faut fouler aux pieds des ennemis qu'on chérit malgré soi, s'arracher violemment aux entraînements les plus naturels, et, vainqueur des passions, se livrer humblement à ce maître sévère qu'on nomme le devoir, ou à cet autre maître plus doux, mais plus exigeant, qu'on appelle le dévouement. Ces luttes ne font encore que le mérite de la personne; celui de chaque action en exige sans cesse de nouvelles, contre des ennemis toujours renaissants, d'autant plus redoutables qu'ils ont leurs entrées dans la place, et que les forces qu'on leur oppose, sont souvent de connivence avec eux. Quelle volonté est assez sûre de soi, pour envisager sans frémir ces terribles épreuves ? Mais qui ne les admire pas dans les âmes saintes ou héroïques, dont elles consacrent la véritable grandeur ? C'est là qu'éclate le mérite, c'est au milieu de ces longs combats et de ces nobles sacrifices, qu'il se manifeste à tous ses degrés : voilà la vraie mesure de notre valeur morale. Cette valeur de nos actions et de notre personne nous est révélée par notre conscience, et nous en jouissons naturellement, comme de tout le bien que nous possédons. Or, ces joies pures de la conscience, qui croissent avec notre mérite, ne sont-elles pas une réparation du tort que nous fait la pratique du bien, des privations qu'il nous impose, des sacrifices qu'il nous oblige à subir ? Ainsi, le mal porte en lui-même son remède; le travail, son salaire; notre propre volonté, dans ses pénibles efforts pour assurer son affranchissement, est la source de notre mérite et de cette satisfaction intérieure qui en est la plus douce récompense; c'est elle-même qui nous paie, par le sentiment du devoir accompli, des rudes labeurs qu'elle exige de nous, pour remplir notre devoir.

Cette première récompense doit accompagner toutes les autres, dont elle seule fait le prix. Tous les avantages extérieurs dont peut nous combler la faveur des hommes ou celle de Dieu, ne sont pour nous que d'heureux accidents, si nous ne sentons pas que nous les avons mérités, si nous ne jouissons pas intérieurement du bien que nous avons fait, et qu'ils sont destinés à récompenser.

Cette satisfaction intérieure nous semble si précieuse, qu'elle suffit souvent pour nous payer de toutes nos peines, et qu'elle nous rend indifférents à toute autre récompense. Une âme naturellement noble rougira même d'être indemnisée par une récompense matérielle, par un accroissement de bonheur, qui répare les sacrifices auxquels elle s'est condamnée. Le seul objet de son ambition, c'est une distinction honorifique, un signe visible qui soit pour elle une preuve de l'approbation des autres hommes, de la considération publique, et quelquefois même d'une renommée glorieuse. Mais, si nous tenons à l'estime des hommes, ce n'est pas seulement pour les avantages qu'elle nous procure, dans nos relations avec eux, c'est qu'elle est pour nous la confirmation de cette approbation intérieure de notre conscience. Quand nous n'avons pour nous que ce témoignage approbateur que nous trouvons en nous-mêmes, nous n'en jouissons pas sans réserve; il nous est d'autant plus suspect que nous sommes juges dans notre propre cause, et la modestie même, qui augmente le prix de la vertu, nous est souvent un obstacle à jouir de nos bonnes actions. Nous sommes donc vraiment heureux, quand nous pouvons joindre à notre approbation l'estime générale, et, si un concert d'éloges, en proclamant notre gloire, nous force pour ainsi dire à nous glorifier nous-mêmes, dans le secret de notre conscience, c'est peut-être le plus grand bonheur que nous puissions rêver sur la terre.

Mais il ne faut pas nous complaire dans la pensée de ce bonheur. Les hommes, dont nous cherchons l'estime, peuvent se tromper comme nous-mêmes; ils peuvent méconnaître ou traiter avec dédain nos vertus les plus dignes d'éloge ; ils peuvent accorder des applaudissements à nos vices les plus honteux. Craignons donc le découragement ou de funestes illusions, si nous mettons en eux notre confiance. Si tous nos devoirs viennent de Dieu, c'est à lui seul qu'il faut demander d'en récompenser l'observation ; c'est là pensée de son approbation, qui nous donnera des forces pour supporter l'injustice des hommes, ou pour écarter les doutes qui surgissent quelquefois au sein de notre conscience ; nous pouvons même implorer de sa bonté ces faveurs matérielles, que nous rougissons la plupart du temps de recevoir de nos semblables : car nous voyons en lui notre véritable supérieur, celui pour qui nous travaillons, quand nous remplissons nos devoirs envers autrui ou envers nous-mêmes, et l'attente d'un salaire n'a rien qui nous humilie, quand il doit venir de si haut.

C'est donc en Dieu qu'il faut placer toutes nos espérances, si nous devons être dédommagés, soit sur cette terre, soit dans une autre vie, de nos souffrances et de nos sacrifices. L'espoir des récompenses ne doit pas être, plus que la crainte du châtiment, le mobile déterminant d'une conduite morale, mais il ne faut pas le repousser. Si la loi est imparfaite tant qu'elle n'a pas reçu une sanction, le respect qu'elle inspire suppose évidemment les sentiments d'espérance et de crainte que doivent faire naître les conséquences de cette sanction nécessaire.

Il faut cependant observer que la sanction de la morale exige moins nécessairement les récompenses que les peines. En effet, nous sommes tout entiers soumis à la puissance de Dieu : quelque sacrifice qu'il nous impose, il ne fait que reprendre son bien, et nous concevons à la rigueur qu'il ne nous doive aucun dédommagement. Aussi la nécessité des récompenses nous paraît surtout évidente pour les actes supérieurs au devoir, pour les vertus héroïques, pour les dévouements sublimes, dans lesquels l'homme de bien se dépouille de ce qu'il pourrait conserver sans crime. Mais là encore nous ne donnons à Dieu que ce qu'il aurait le droit d'exiger de nous, puisque nous ne possédons rien dont il ne soit complétement le maître. Aussi faut-il compter, dans cette attente des récompenses, non-seulement sur sa justice, mais encore sur sa bonté. Nous n'avons point de droits à son égard, et les biens qu'il nous accorde, quand nous nous sommes donnés à lui, sont, dans un sens, des bienfaits gratuits, qu'il faut implorer de sa miséricorde, et pour lesquels nous lui devons une reconnaissance infinie. Ainsi s'explique cette pensée de Pascal, qui semble si paradoxale et si cruelle : « La justice envers les réprouvés est moins énorme et doit moins choquer que la miséricorde envers les élus (1). »

La raison ne suffit donc pas pour déterminer les peines qui doivent réparer nos fautes, et les récompenses que nos vertus ont le droit d'attendre. Non-seulement c'est Dieu qui tient la balance, mais nous ne pouvons pas compter sur sa seule justice ; il faut invoquer sa volonté miséricordieuse, soit pour racheter le mal dont nous sommes souillés, soit pour rémunérer le bien que nous avons fait. Aucun principe rationnel ne peut nous servir en morale, sans ce recours nécessaire à la volonté de Dieu.

C'est encore la volonté divine qu'il faut faire intervenir, pour nous convaincre d'une dernière vérité, qui est le couronnement de la morale, comme de la philosophie tout entière : je veux parler de l'immortalité de l'âme.

On fonde ordinairement l'immortalité de l'âme sur la sanction même de la morale. « On ne saurait douter, dit Leibnitz, que le conducteur souverain de l'univers, qui est très-sage et très-puissant, n'ait résolu de récompenser les gens de bien et de punir les méchants, et qu'il n'exécute ce dessein dans une vie à venir, puisqu'on voit manifestement que, dans cette vie, il laisse la plupart des crimes impunis, et la plupart des bonnes actions sans récompen-

(1) *Pensées*, édition Havet, p. 144.

se (1). » Mais cette considération, qu'on ne saurait négliger en morale, sans se contenter, ajoute Leibnitz, d'un
degré inférieur du droit naturel, prouve seulement la nécessité d'une vie future; elle ne prouve pas que cette vie
soit immortelle. Dieu n'est pas forcé, en effet, de récompenser éternellement les vertus les plus méritoires, et sa
miséricorde pourrait épargner aux réprouvés des supplices
sans fin. Il faut donc une autre lumière que celle de la raison, pour nous obliger à croire à l'éternité des peines et des
récompenses, et l'immortalité de l'âme ne peut être une
conséquence nécessaire de la sanction de la morale.

Mais, si ces deux vérités n'ont pas un lien nécessaire,
nos espérances d'immortalité ne sont pas indifférentes à la
sanction de la morale. Cette sanction divine nous apparaît
sous un nouvel aspect, si notre âme ne doit pas périr.
Nous ne comptons plus seulement, dans nos plus grands
sacrifices, sur un dédommagement passager; un prix
éternel nous est proposé, et, en nous rapprochant de Dieu
par une vertu persévérante, nous aspirons à entrer en par-
tage de son inaltérable béatitude. Ainsi s'ennoblissent ces
luttes intérieures que Dieu exige de nous, pour faire triompher la loi morale; il nous devient encore plus présent, si
je puis ainsi m'exprimer : car, s'il est la source de nos devoirs, il est en même temps le but auquel nous tendons en
les observant, et, soit que nous obéissions à ses ordres
souverains, soit qu'il nous associe à son immortalité bien-
heureuse, nous réalisons l'idéal suprême de la morale : la
ressemblance avec Dieu. Mais cette immortalité, qui nous
donne en quelque sorte un caractère divin, est en même
temps pour nous la menace la plus terrible, si nous offen-
sons la majesté de la loi morale. Qui sait si, hors de cette
vie, nous aurons encore les moyens de réparer nos
fautes? Qui sait si la miséricorde de Dieu, lassée par notre

---

(1) *Monita ad Pufendorfii principia*, § 2.

endurcissement, consentira encore à nous laver de nos souillures? Qui sait si nous n'emporterons pas au sein de l'éternité une flétrissure ineffaçable; si nous pourrons détourner, par un repentir trop tardif, les châtiments sans fin que le crime entraîne à sa suite, quand on ne l'a pas expié? Quel plus juste sujet d'effroi pour le coupable sans remords, qui se repose avec assurance dans sa prospérité mortelle, que ce mot d'un poëte : *Tremblez, vous êtes immortels !* Il faut donc démontrer directement l'immortalité de l'âme, puisqu'elle n'est pas une conséquence de la sanction de la morale, et qu'elle lui donne cependant son caractère le plus efficace.

Dans le *Phédon* et dans la *République*, Platon prouve admirablement, avec une profondeur qu'on n'a jamais surpassée, la possibilité d'une vie immortelle. L'âme n'est pas attachée au corps; elle n'est pas de même nature que son enveloppe matérielle; elle n'est jamais plus forte et plus maîtresse d'elle-même, que lorsqu'elle se soustrait à la tyrannie des organes. Loin de vieillir avec le corps, elle acquiert quelquefois, dans la vieillesse la plus avancée, quand elle est près de sortir de sa prison mortelle, une perfection merveilleuse, qui est comme un avant-goût de ses destinées éternelles. Le corps a ses maux, qui peuvent le faire périr; mais ils diffèrent essentiellement des maux de l'âme. La maladie de l'âme, qui pourrait seule la dépraver ou la détruire, c'est avant tout l'injustice : comment donc les maladies du corps entraîneraient-elles la mort de l'âme, puisqu'il n'est pas en leur pouvoir de la rendre plus injuste? Quant à l'injustice elle-même, elle appelle une expiation nécessaire, mais non l'anéantissement de l'âme qui la commet : car cet anéantissement serait une délivrance. L'âme ne peut donc périr ni par son propre mal, ni par celui du corps (1).

---

(1) Platon, *République*, liv. X.

Il ne manquerait rien à cette belle démonstration de Platon, si l'âme ne dépendait que d'elle-même et des organes ; mais elle dépend aussi de Dieu, de qui elle tient tout son être, et qui peut le lui ôter, en cessant seulement de vouloir qu'elle existe. Il faut donc prouver que Dieu n'a pas créé notre âme pour un temps limité, mais pour une vie sans fin ; il faut invoquer, en un mot, l'idée de notre destinée.

Le corps est destiné à se développer pendant quelque temps, puis à dépérir peu à peu, et enfin à cesser de vivre. Mais il n'en est pas ainsi de l'âme ; ses facultés ne peuvent être appelées qu'à un progrès indéfini. La raison est faite pour connaître, la sensibilité pour jouir, la volonté pour être libre, pour se posséder elle-même. Or, si le développement de notre corps est renfermé dans certaines bornes, que nous ne pouvons pas dépasser, on n'en peut dire autant de nos connaissances, de notre bonheur ou de notre vertu. En vain, dans une vie bien remplie, aurions-nous sondé les profondeurs de toutes les sciences, nous resterions anéantis, comme dit Pascal, devant la pensée des merveilles que le moindre grain de sable nous déroberait encore ; en vain aurions-nous épuisé toutes les joies de ce monde, elles nous laisseraient toujours un sentiment d'amertume, qui nous ferait comprendre la vanité de notre bonheur ; en vain aurions-nous égalé la vertu des plus grands saints, nous sentirions encore que nous n'avons pas acquis sur nous-mêmes un empire absolu ; nous souffririons toujours au souvenir de nos défaillances et de nos faiblesses. Ces imperfections, dont nous nous plaignons, qui ne sont jamais mieux senties que par les plus nobles âmes, ne sont pas inhérentes à la nature humaine. Qui se plaint, dit Pascal, de n'avoir pas trois yeux ? Qui s'afflige de n'être pas roi, si ce n'est un roi dépossédé du trône ? Si nous accusons notre imperfection, c'est que nos facultés n'ont pas atteint leur fin, c'est qu'elles étaient destinées à une plus grande perfection. Qu'on s'interroge après une longue vie : pense-t-on qu'on ne pourrait pas, si l'on avait devant soi une carrière indéfinie, augmenter sans cesse ses connaissances, son bien-être, sa force d'âme ? Notre destinée n'est donc jamais achevée. C'est le temps seul qui nous manque, si tout doit finir avec cette vie. Or, après cent ans, après mille ans, après des millions d'années, la même question subsisterait toujours : n'avons-nous plus rien à faire ? notre tâche est-elle remplie ? notre intelligence, notre sensibilité, notre volonté, sont-elles parvenues au but qu'elles poursuivent? Nos facultés sont indéfiniment perfectibles : leur destinée, marquée par leur nature, ne peut donc s'accomplir que par un progrès indéfini. « Or, ce progrès, dit Kant, n'est possible que dans la supposition d'une *existence* et d'une personnalité *indéfiniment* persistantes de l'être raisonnable (ou de ce qu'on nomme l'immortalité de l'âme) (1). » Notre immortalité nous est donc assurée par notre destinée; Dieu se contredirait lui-même, s'il nous avait créés pour un perfectionnement illimité, sans nous donner en même temps les moyens de le réaliser, sans attribuer à notre existence une éternelle durée.

C'est l'honneur de Kant d'avoir mis en lumière cette belle démonstration de l'immortalité de l'âme, qui donne une forme rigoureuse aux aspirations du *Phédon*. Mais n'oublions pas que nous tenons de Dieu notre destinée et notre vie ; que l'une et l'autre sont dans ses mains, et que sa volonté seule en prolonge indéfiniment la jouissance. N'oublions pas, enfin, que Dieu seul connaît le secret de l'autre vie, et que les conditions où nous serons placés, les récompenses ou les châtiments qui doivent hâter ou entraver notre progrès, ne peuvent être réalisés que par sa toute-puissance. A la fin de cet Essai, comme dans toutes ses parties, nous sommes donc toujours en présence de la volonté de Dieu, et nous sentons sans cesse augmenter pour elle notre reconnaissance, notre amour et notre respect.

_____

(1) *Critique de la raison pratique*, traduction de M. Barni, p. 329.

CONCLUSION.

Peu de mots suffiront pour résumer les résultats de ces Recherches. La raison humaine conçoit une loi universelle, invariable et absolue, qui s'applique à toute volonté libre. Cette loi a pour objet la réalisation de l'ordre universel, l'accomplissement du bien et de la justice, le respect des droits de l'homme ; elle est le fondement de toutes les lois civiles ; enfin, elle est conforme à la nature de l'homme et à sa destinée. Mais elle rencontre dans l'âme humaine des tendances qui lui sont contraires, et dont elle doit triompher. Au milieu de ces mobiles divers qui se disputent le gouvernement de notre âme, la loi morale ne serait jamais assurée de vaincre, si elle ne nous était imposée par une autorité supérieure, si elle ne recevait, en un mot, un caractère obligatoire. Ce caractère ne peut lui venir de la raison, qui nous apprend ce qui est, mais ne nous commande pas ce que nous devons faire; la raison ne peut pas même nous en donner l'idée : car l'obligation n'est pas comprise parmi ces principes rationnels que nous apercevons dans la nature même de Dieu ou dans ses rapports avec les êtres finis. Il n'y a que la volonté de Dieu qui puisse nous obliger à observer la loi morale. Mais il ne s'agit pas d'un commandement arbitraire, indifférent au bien et au mal, au juste et à l'injuste : l'obligation morale est toujours conforme à la raison, quoique la raison ne puisse par elle-même ni la créer ni la connaître. C'est notre conscience, dans le sentiment de notre responsabilité, qui nous révèle les ordres divins : mais son témoignage ne suffit pas toujours pour nous indiquer avec précision tous nos devoirs. Aussi nous devons , par la pratique habituelle de la prière , nous rendre Dieu toujours présent, afin que nos pensées, nos sentiments, nos déterminations volontaires , se portent spontanément vers la réalisation de ses lois. Il ne suffit pas, en effet , de faire les actes matériels que la raison nous conseille , ou qui nous sont prescrits par Dieu ou par les hommes : il faut que nous voulions librement l'accomplissement du devoir pour lui-même ; il faut par conséquent que nous développions dans notre âme une volonté toujours conforme à celle de Dieu. C'est en nous faisant les serviteurs de Dieu que nous donnerons à nos actions un caractère vraiment moral, et que nous trouverons en même temps notre dignité et notre véritable indépendance.

C'est encore la volonté de Dieu qui donne à la morale sa sanction définitive. Notre raison nous apprend que Dieu, s'il est juste, ne peut manquer de récompenser les bons et de punir les méchants. Mais il est toujours le maître d'adoucir la rigueur des châtiments que nous avons mérités , ou de nous récompenser au delà de notre mérite : aussi, quelle que soit notre imperfection, nous n'avons pas seulement à craindre sa justice, nous pouvons nous confier dans sa miséricorde et dans sa bonté. Enfin, cette vie immortelle à laquelle aspirent tous les hommes, et dont l'attente les remplit à la fois d'espérance et de crainte , est encore un don gratuit de la bonté divine ; elle ne peut s'expliquer que par la destinée sans limites que la volonté de Dieu nous a assignée en nous créant.

En s'appropriant cette théorie de l'obligation, la philosophie n'a point à sacrifier les droits de la raison. Si notre raison ne peut nous dicter nos devoirs, elle conçoit du moins ces vérités universelles, éternelles et nécessaires, qui font partie de la nature divine , et qui donnent à nos devoirs leur caractère absolu. Si elle a des limites, c'est-elle-même qui les reconnaît et les proclame. Il faut qu'elle s'abaisse devant l'autorité du législateur suprême : mais n'est-ce rien que le privilége de démontrer avec certitude la nécessité de l'existence de Dieu et d'expliquer ses droits souverains ?

Enfin, si nous devons dépouiller la raison d'une partie des priviléges que lui avaient attribués quelques systèmes, nous n'avons pas à rétrécir, mais à étendre au contraire le domaine légitime de la philosophie. Les vérités qu'elle nous fait connaître ne sont plus seulement quelques principes abstraits dont nous admirons le caractère immuable, mais qui ont rarement sur nos âmes une action efficace: elle nous explique les commandements de Dieu ; elle nous met en présence d'une volonté toute-puissante et infiniment sage, dont les ordres inviolables se révèlent sans cesse à notre conscience, avec leur cortége de menaces et de promesses, dont notre raison reconnaît les droits suprêmes, et que notre sensibilité ne peut s'empêcher de respecter. En un mot, elle fonde une morale à la fois religieuse et philosophique, dont les préceptes émanent de Dieu et sont confirmés par la raison humaine; ses enseignements s'adressent au cœur comme à l'esprit, et ils ont assez de force pour déterminer la volonté. Elle acquiert ainsi un caractère éminemment pratique, sans cesser de s'appuyer sur ces grands principes de religion naturelle, établis pour la première fois d'une manière scientifique par l'école cartésienne, vainement attaqués par quelques systèmes sensualistes, et remis en honneur, depuis un demi-siècle, par l'école philosophique à laquelle je suis fier d'appartenir.

Vu et lu,
A Paris, en Sorbonne, le 3 mai 1855,
Par le Doyen de la Faculté des Lettres de Paris,
J.-Vict. LECLERC.

Permis d'imprimer.
Le Vice-Recteur,
CAYX.

TABLE

DES MATIÈRES.